U0032284

# 60秒變身

60-Second Genius
Science

# 科學小天才

1分鐘
掌握重點
知識！

敘述簡單扼要，圖解清晰易懂，學習變得有趣又快速！

強・理查茲 Jon Richards 著

洪夏天 譯

商周教育館 55
# 60 秒變身科學小天才

作者——強·理查茲（Jon Richards）
譯者——洪夏天
企劃選書——羅珮芳
責任編輯——羅珮芳
版權——吳亭儀、江欣瑜
行銷業務——周佑潔、黃崇華
總編輯——黃靖卉
總經理——彭之琬
事業群總經理——黃淑貞

發行人——何飛鵬
法律顧問——元禾法律事務所王子文律師
出版——商周出版
台北市 104 民生東路二段 141 號 9 樓
電話：(02) 25007008・傳真：(02)25007759
發行——英屬蓋曼群島商家庭傳媒股份有限公司城邦分公司
台北市中山區民生東路二段 141 號 2 樓
書虫客服服務專線：02-25007718；25007719
服務時間：週一至週五上午 09:30-12:00；下午 13:30-17:00
24 小時傳真專線：02-25001990；25001991
劃撥帳號：19863813；戶名：書虫股份有限公司
讀者服務信箱：service@readingclub.com.tw
城邦讀書花園：www.cite.com.tw
香港發行所——城邦（香港）出版集團
香港灣仔駱克道 193 號東超商業中心 1F
電話：(852) 25086231・傳真：(852) 25789337
E-mail: hkcite@biznetvigator.com
馬新發行所——城邦（馬新）出版集團【Cite (M) Sdn Bhd】
41, Jalan Radin Anum, Bandar Baru Sri Petaling,
57000 Kuala Lumpur, Malaysia.
電話：(603) 90578822・傳真：(603) 90576622
Email: cite@cite.com.my

封面設計——林曉涵
內頁排版——陳健美
印刷——韋懋實業有限公司
經銷——聯合發行股份有限公司
電話：(02)2917-8022・傳真：(02)2911-0053
地址：新北市 231 新店區寶橋路 235 巷 6 弄 6 號 2 樓

初版——2022 年 6 月 2 日初版
定價——450 元
ISBN——978-626-318-251-6

國家圖書館出版品預行編目 (CIP) 資料

60 秒變身科學小天才／強·里查茲（Jon Richards）著；
洪夏天譯 .-- 初版 .-- 臺北市：商周出版：英屬蓋曼群島
商家庭傳媒股份有限公司城邦分公司發行 , 2022.06
　面；　公分 .-- (商周教育館；55)
譯自：60-Second Genius: Science
ISBN 978-626-318-251-6( 平裝 )

1.CST：科學教育 2.CST：初等教育

523.36　　　　　　　　　　　　111004621

線上版回函卡

# 目錄

## 第一章

# 物體與物質

## 第二章

# 能

## 第三章

# 力

*每看完一個主題就打個勾勾。數一
數，你總共挑戰完幾個主題了呢？

## 第四章

# 太空

## 第五章

# 我們的行星：
# 地球

## 第六章

# 生氣蓬勃的
# 世界

# 科學是什麼？

科學家試圖瞭解我們的世界，找出萬事運行的原理。他們觀察物體與各種活動，記錄什麼時候發生了什麼事。科學家再利用這些資訊或數據，測試各種想法（也就是推論）正不正確。

即使一個想法有了數據的支持，但過一陣子也可能出現其他變化。科技不斷進步，揭開愈來愈多的資訊，可能會徹底改變我們所知的一切！

不管如何，科學家會持續觀察並記錄各種事件，收集資訊，幫助我們進一步認識宇宙和其中的萬事萬物。

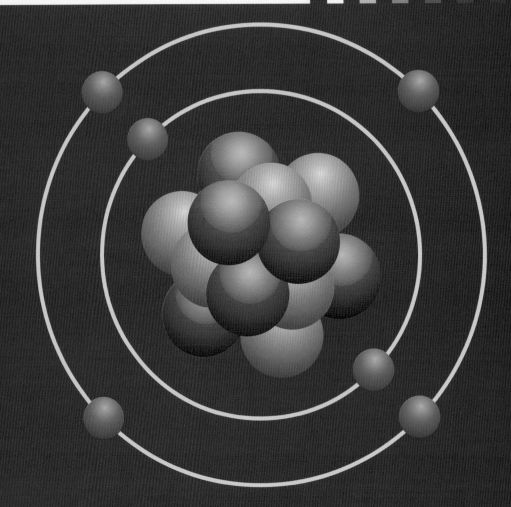

## 第一章

# 物體與物質

萬物都由物質組成，包括從水龍頭流下的水，到天空中飄浮的雲朵。
物質共有四種狀態，組成物質的微小粒子決定了物質的狀態。

### 固體

固體物質的粒子緊密結合，不會四處移動，因此固體會保持穩定的形狀和體積。

### 液體

液體的粒子會在彼此身上滑動。液體能隨意流動，但體積不會改變。只要把液體倒進容器，它就會變成容器的形狀。

### 氣體

氣體的粒子可以自由自在地移動。氣體沒有固定的形狀或體積，它會充滿任何容器。

### 電漿

電漿是種氣體，它的粒子帶電。恆星，比如我們的太陽，就是由電漿組成。

## 現在就試試看！

水是地球上少數同時以三種狀態存在的物質，這三種狀態是：冰（固體）、水（液體）和水蒸氣（氣體）。在家裡觀察各種物質的狀態，看看能找到幾個例子？

我們所觀察到的宇宙，至少有99%是由電漿組成！但科學家認為我們所觀察到的物質，只占了宇宙的4%，除此之外宇宙充滿我們看不到的奇特東西，我們稱它為暗物質或暗能量。

# 改變狀態

隨著粒子能量增加或減少，物質會轉變成不同狀態。能量減少時，粒子會移動得慢一些，甚至停下來；能量增加時，粒子會快速移動，甚至飛離彼此。

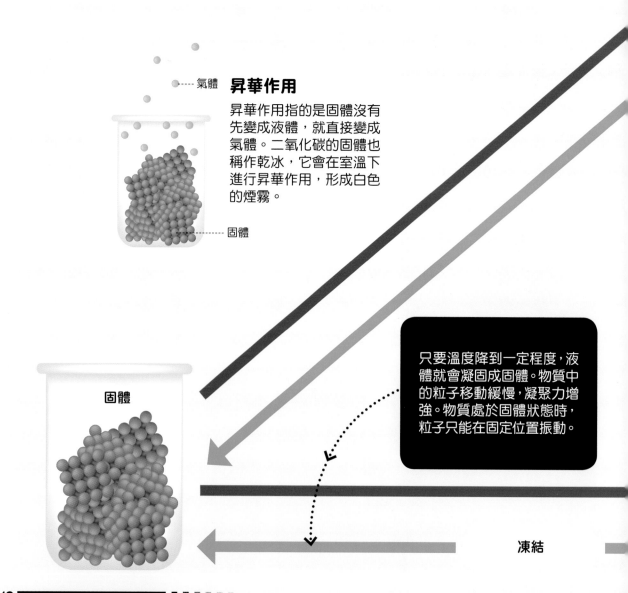

氣體

## 昇華作用

昇華作用指的是固體沒有先變成液體，就直接變成氣體。二氧化碳的固體也稱作乾冰，它會在室溫下進行昇華作用，形成白色的煙霧。

固體

固體

只要溫度降到一定程度，液體就會凝固成固體。物質中的粒子移動緩慢，凝聚力增強。物質處於固體狀態時，粒子只能在固定位置振動。

凍結

**氣體**

## 蒸發作用

蒸發作用是液體在低於沸點的溫度變為氣體。此時液體中有些粒子移動得非常快速，得以從液體表面脫離，形成氣體。

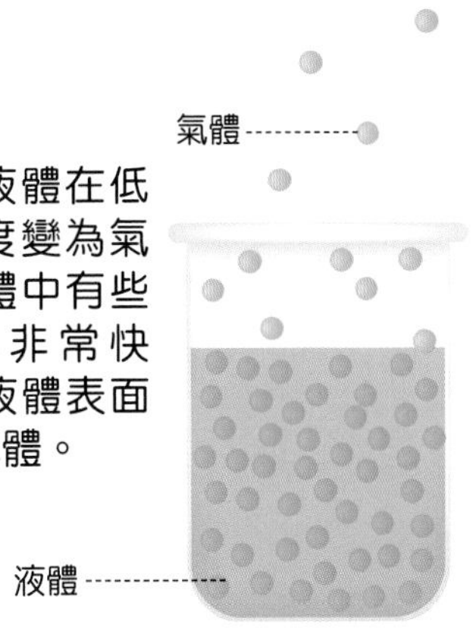

氣體----------

液體----------

沸騰

凝結

液體只要加熱到一定溫度，就會沸騰。此時液體的粒子會飛散形成氣體。液體沸騰時，內部會出現氣泡。你在沸水中看到的氣泡是由蒸氣組成，而不是空氣。

降低氣體的溫度時，粒子移動的速度會變慢。若進一步降低溫度，粒子最終會因為動得非常緩慢而聚合在一起，形成液體。這就是凝結作用。

加熱固體時，粒子就會振動得愈來愈快。它們最後會得到足夠的能量，打破彼此之間的聚合力。此時固體融化，變成液體。

液體

融化

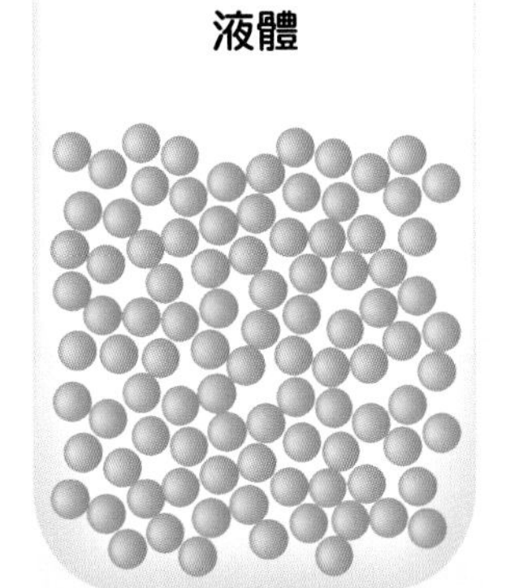

# 原子是什麼?

宇宙大部分的物質都由原子組成。即使透過功能強大的顯微鏡,我們還是看不到微小的原子,光是紙上的一個小點就能容納數百萬個原子。但是這些被稱為原子的微粒,也是由更微小的次原子粒子組成。

## 原子核

原子核位在原子中心,由稱為中子和質子的次原子粒子組成。

中子

質子

中子位在原子核,不帶電。

電子

## 電子

這些微小的次原子粒子的質量,遠低於中子和質子。電子帶負電。它們圍繞著原子核飛旋,形成不同的電子層或電子殼。

質子位在原子核,帶正電。

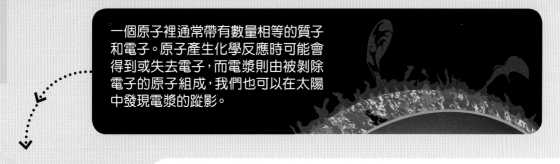

一個原子裡通常帶有數量相等的質子和電子。原子產生化學反應時可能會得到或失去電子，而電漿則由被剝除電子的原子組成，我們也可以在太陽中發現電漿的蹤影。

## 組成分子

原子通常不會獨立存在。它們會與其他原子組成稱為分子的粒子。

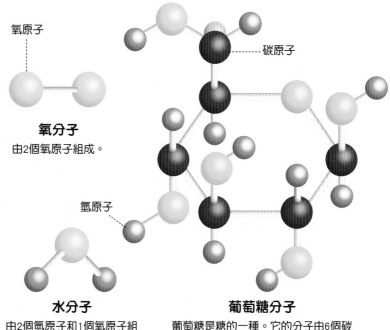

氧原子

碳原子

### 氧分子
由2個氧原子組成。

氫原子

### 水分子
由2個氫原子和1個氧原子組成。

### 葡萄糖分子
葡萄糖是糖的一種。它的分子由6個碳原子，12個氫原子和6個氧原子組成。

質子的數量決定一個原子形成什麼物質。舉個例子，有79個質子的原子，就是金原子。當一個物質的原子都具有相同質子數量，它就稱為元素。

# 元素與元素週期表

科學家將各種元素整理成元素週期表。這些元素按照原子序數排列，每一橫列的序數都從左漸漸往右增加。

原子序數　　　　　元素名

**1**

**氫**

H

1.0079

原子量　　　　　符號

## 名稱與序數

元素週期表列出每個元素的原子量和原子序數。原子序數指的是此元素一個原子核的質子數。原子量則是一個原子核中的質子和中子量的總和。

## 元素名稱的含義

每個元素都有自己的符號。它可能是元素名稱的頭字母，比如碳元素的符號是C（carbon），也可能是元素拉丁名稱的縮寫，比如Pb指的是拉丁文plumbum，也就是鉛。有些元素以知名科學家為名。比如鎶的符號是Cn，它以文藝復興時期的科學家哥白尼（Copernicus）為名。

| 1 氫 H 1.0079 | |
|---|---|

位在週期表中段的元素稱為過渡金屬，包括了我們身邊最常見的金屬，比如鐵、銅、銀和金。

| 3 鋰 Li 6.941 | 4 鈹 Be 9.01218 | | | | | | |
|---|---|---|---|---|---|---|---|
| 11 鈉 Na 22.989768 | 12 鎂 Ma 24.305 | | | | | | |
| 19 鉀 K 39.0983 | 20 鈣 Ca 40.078 | 21 鈧 Sc 44.95591 | 22 鈦 Ti 47.88 | 23 釩 V 50.9415 | 24 鉻 Cr 51.9961 | 25 錳 Mn 54.938 | 26 鐵 Fe 55.847 |
| 37 銣 Rb 85.4678 | 38 鍶 St 87.62 | 39 釔 Y 88.90585 | 40 鋯 Zr 91.224 | 41 鈮 Nb 92.90638 | 42 鉬 Mo 95.94 | 43 鎝 Tc 98.9072 | 44 釕 Ru 101.07 |
| 55 銫 Cs 132.90543 | 56 鋇 Ba 137.327 | 57–71 | 72 鉿 Hf 178.49 | 73 鉭 Ta 180.9479 | 74 鎢 W 183.85 | 75 錸 Re 186.207 | 76 鋨 Os 190.23 |
| 87 鉫 Fr 223.0197 | 88 鐳 Ra 226.0254 | 89–103 | 104 鑪 Rf (261) | 105 釷 Db (262) | 106 鐥 Sg (266) | 107 鈹 Bh (264) | 108 鑂 Hs (269) |

俄國化學家迪米崔·門得列夫在1869年發表元素週期表。

| 57 鑭 La 138.9055 | 58 鈰 Ce 140.115 | 59 錯 Pr 140.90765 | 60 釹 Nd 144.24 | 61 鉕 Pm 144.9127 | 62 釤 Sm 150.36 |
|---|---|---|---|---|---|
| 89 錒 Ac 227.0278 | 90 釷 Th 232.0381 | 91 鏷 Pa 231.03588 | 92 鈾 U 238.0289 | 93 錼 Np 237.0482 | 94 鈽 Pu 244.0642 |

## 人造元素

原子序1~94的元素是地球上自然存在的元素。另有24個元素的原子序數較高，只能在核子反應爐、分子加速器中，或經由強大的原子爆炸才會產生。它們稱為合成元素，其中有些元素只出現過少少幾個原子而已。

## 元素族

我們將某些特性相同的元素排成同一族，形成週期表中的直排。比方來說，最右邊的惰性氣體的活性都很低（它們不會組成分子或對其他元素產生反應）。科學家把元素分成兩大類：金屬和非金屬（請見第22、23頁）。

碳元素能與其他元素結合，組成將近1,000萬種不同的化合物。化合物指的是其分子含有一種以上的元素。

| | | | | | |
|---|---|---|---|---|---|
| | | | | | 2 氦 He 4.00260 |

| 5 硼 B 10.811 | 6 碳 C 12.011 | 7 氮 N 14.00674 | 8 氧 O 15.9994 | 9 氟 F 18.998403 | 10 氖 Ne 20.1797 |
|---|---|---|---|---|---|
| 13 鋁 Al 26.981539 | 14 矽 Si 28.0855 | 15 磷 P 30.973762 | 16 硫 S 32.066 | 17 氯 Cl 35.4527 | 18 氬 Ar 39.948 |

| 27 鈷 Co 58.9332 | 28 鎳 Ni 58.6934 | 29 銅 Cu 63.546 | 30 鋅 Zn 65.39 | 31 鎵 Ga 69.732 | 32 鍺 Ge 72.64 | 33 砷 As 74.92159 | 34 硒 Se 78.96 | 35 溴 Br 79.904 | 36 氪 Kr 83.80 |
|---|---|---|---|---|---|---|---|---|---|
| 45 銠 Rh 102.9055 | 46 鈀 Pd 106.42 | 47 銀 Ag 107.8682 | 48 鎘 Cd 112.411 | 49 銦 In 114.818 | 50 錫 Sn 118.71 | 51 銻 Sb 121.760 | 52 碲 Te 127.6 | 53 碘 I 126.90447 | 54 氙 Xe 131.29 |
| 77 銥 Ir 192.22 | 78 鉑 Pt 195.08 | 79 金 Au 196.9665 | 80 汞 Hg 200.59 | 81 鉈 Ti 204.3833 | 82 鉛 Pb 207.2 | 83 鉍 Bi 208.98037 | 84 釙 Po (208.9824) | 85 砈 At 209.9871 | 86 氡 Rn 222.0176 |
| 109 䥑 Mt (268) | 110 鐽 Ds (269) | 111 錀 Rg (272) | 112 鎶 Cn (277) | 113 鉨 Uut 未知 | 114 鈇 Uuq (289) | 115 鏌 Uup 未知 | 116 鉝 Uuh (298) | 117 鿬 Uus 未知 | 118 鿫 Uuo 未知 |

| 63 銪 Eu 151.9655 | 64 釓 Gd 157.25 | 65 鋱 Tb 158.92534 | 66 鏑 Dy 162.50 | 67 鈥 Ho 164.93032 | 68 鉺 Er 167.26 | 69 銩 Tm 168.93421 | 70 鐿 Yb 173.04 | 71 鎦 Lu 174.967 |
|---|---|---|---|---|---|---|---|---|
| 95 鋂 Am 243.0614 | 96 鋦 Cm 247.0703 | 97 鉳 Bk 247.0703 | 98 鉲 Cf 251.0796 | 99 鑀 Es (254) | 100 鐨 Fm 257.0951 | 101 鍆 Md 258.1 | 102 鍩 No 259.1009 | 103 鐒 Lr (262) |

# 混合物

不經由化學合成，由兩種以上的原料組成的物質稱為混合物，其中的原料保有自己的特色和特性，不會與彼此產生反應。

## 混合物的種類：

### 粗混合物

由各種大型粒子組成，比如在石頭很多的沙灘上，各種石頭與細沙和水混合在一起；或者在一個碗中，放了各式各樣的堅果。

### 懸浮液

懸浮液的粒子漂浮於液體中，但過一陣子就會沉降在底部，形成沉積層。有泥土粒子漂浮的水，就是一種懸浮液，最終那些泥土都會沉到底部。

### 溶液

當一個物質（溶質）徹底溶化在一個液體（溶劑）中，就稱為溶液。比方來說，鹽晶體會徹底溶化在水中，與水混合，形成鹽水溶液。

人可輕鬆漂浮於鹽水中。

地球上鹽分最高的水體之一是死海。死海的鹽分幾乎是一般海水的10倍。科學家估計，死海中約有多達3,700萬噸的鹽！

死海周邊可以發現鹽晶體。

# 分離混和物

如果混合物的粒子很大或沒有均勻混合,我們就能輕鬆分開混合物。若混合物粒子很小且徹底混合,比如溶液,就需要花比較多心力才能加以分離。

## 過濾

用濾紙過濾混合物時,比較大的粒子會留在濾紙上,而水分子等比較小的粒子則會穿過去。口罩阻絕灰塵與煙霧,同時讓氣體分子通過。

## 沸騰

煮沸鹽水時,水分子會化為氣體,留下鹽分。

血漿

白血球和血小板

紅血球

**分離血液中的成分**

## 離心機

離心機會在所含的筒子中以非常快的速度旋轉混合物。比較重的粒子會掉到筒子底部,比較輕的粒子會留在上方。例如,醫院用離心機分離血液粒子。紅血球被推到底部,血小板和白血球位在中間,而血漿會位於頂端。

## 色層分離法

墨水之類的混合物,由不同大小分子組成的物質混合而成。只要在紙上滴一滴墨水,就能將它們分離。紙會吸收水分。原本溶化在水中的物質以及粒子較小的物質,在紙上可以移動到距離比較遠的地方,而粒子較大的物質不太會移動,這麼一來,就能在紙條上將不同物質分開來。這就是色層分離法。

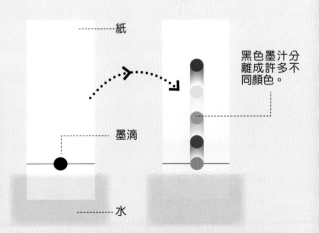

紙

墨滴

水

黑色墨汁分離成許多不同顏色。

## 蒸餾

蒸餾法是將由兩種液體組成的溶液煮沸再加以分離的方法。溶液沸騰化為氣體,飄進管子中。氣體上升時會冷卻,沸點較高的物質會冷凝再變回液體。其他物質則維持氣體狀態,接下來再冷凝為液體。

有些物質的狀態會長期維持不變，有些物質則會經由化學作用與其他物質結合或反應，徹底改變外觀和特性。

## 反應過程

進行反應時，物質會分裂成獨立的原子。這些原子會與其他物質的原子結合，創造出由不同化學物質組合而成的新物質，也就是化合物。例如，**鐵（Fe）**與**硫（S）**結合後會產生**硫化鐵（FeS）**。

化學反應既不會摧毀任何原子，也不會創造出新的原子。形成反應的物質的總質量，與新物質的總質量相等。

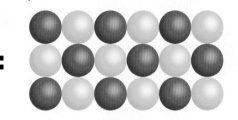

鐵　　　　　　　硫　　　　　　硫化鐵

## 反應速度

有些反應過程緩慢。**鐵（Fe）**需要經歷很長的時間，才會與空氣中的**氧（O）**結合，形成**氧化鐵**，也就是鏽。

有些反應過程非常迅速，並且引發爆炸。當炸藥的組成分子改變時，會造成大爆炸。

## 加熱反應

燃燒是以熱形式散發能量的反應作用。我們將它稱為放熱反應。必須有燃料、熱與氧三項要件才能燃燒。

煤之類的化石燃料也稱為碳氫化合物，因為它們含有氫和碳。當它們在空氣中燃燒，氫（H）原子會與氧（O）原子結合，形成水蒸氣（$H_2O$），而碳（C）原子與氧結合形成二氧化碳（$CO_2$）。

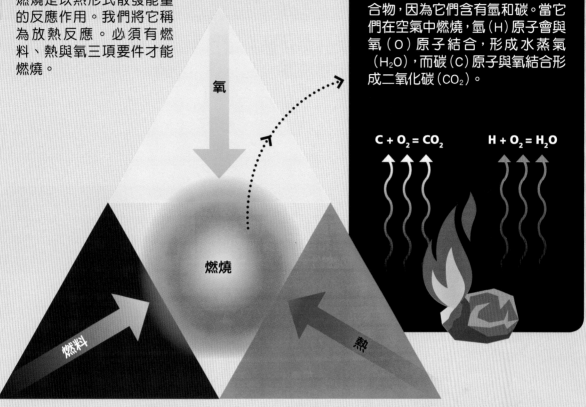

$$C + O_2 = CO_2 \qquad H + O_2 = H_2O$$

氧

燃燒

燃料

熱

## 現在就試試看！

你能在家中找到化學反應的實例嗎？比方來說，爐台的瓦斯燃燒，加熱炒菜鍋，或者一台放在室外的舊單車生了鏽。把你找到的化學反應列成一張清單，看看自己能否找出產生反應的物質。別忘了，在觀察溫度較高的東西時要小心，記得請大人協助喔！

# 酸與鹼

有時，我們會依照酸鹼度來分類液體，這是測量液體與其他物質反應度的一種方法。酸鹼度的一端是酸，另一端則是鹼，中間分成不同刻度。

## pH值

我們以pH值測量液體的酸鹼度，數值由1到14，1是強酸，7是中性，14是強鹼。強烈的酸性與鹼性物質具備強大的傷害力，足以溶解某些東西，但弱酸和弱鹼物質無害，我們甚至可食用、飲用某些弱酸物和弱鹼物。

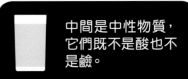

中間是中性物質，它們既不是酸也不是鹼。

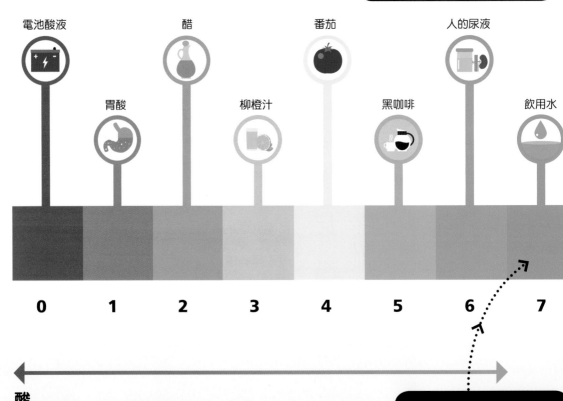

電池酸液　　胃酸　　醋　　柳橙汁　　番茄　　黑咖啡　　人的尿液　　飲用水

0　1　2　3　4　5　6　7

## 酸

強酸的腐蝕性很強。它們是功效強大的清潔劑，也可用來製造車用電池。在我們的胃裡也可以找到最強烈的酸性物質之一，也就是胃酸，它會分解食物。柑橘類水果和番茄則是弱酸性。

牛奶的pH值約為6.5，是非常弱的酸性物質。

## 混合酸與鹼

混合酸鹼物質會出現非常有趣的反應。它們會彼此抵銷，產生中和的水與鹽類，有時也會釋放出氣體。比如說，當你混合醋（酸）和小蘇打（鹼），混合物會產生氣體二氧化碳，出現泡泡。

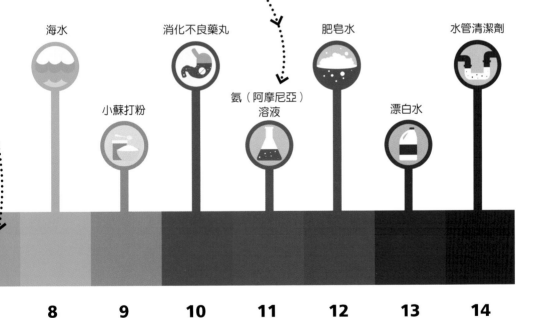

氨也稱為阿摩尼亞，是一種用來清潔和當作肥料的鹼性物質。它是由氫和氮組合而成的化合物。

小蘇打

醋

海水

消化不良藥丸

肥皂水

水管清潔劑

小蘇打粉

氨（阿摩尼亞）溶液

漂白水

8    9    10    11    12    13    14

## 鹼

廁所清潔劑等強鹼物的pH值約為14。如果你的胃不舒服，可以服用一顆制酸劑，它是pH值約為10的弱鹼物。水溶性的鹼稱為水溶性鹼。

# 金屬

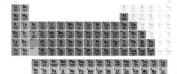

金屬

週期表中絕大多數的元素（90%）都是金屬。我們平常使用的各種物品裡，常有這些用途廣泛的物質。一般來說，金屬會閃閃發亮，引人注目，有些金屬相當稀少，價值高昂。

## 週期表

金屬主要位在週期表的左半部，從鋰和鈉等活性強的金屬，到金和銀等活性較低的金屬。

## 金屬的特性

金屬具有數種共同特性，包括：

**閃亮**

切割或打磨後，金屬會閃閃發光。

**導體**

金屬可以傳導電，也能傳導熱。

**延展性**

金屬可以彎曲、改變形狀，不會碎裂。

此外，大部分的金屬也是：

**固體**

金屬在室溫下是固體。

**堅硬**　　**密度高**

**聲音響亮**

敲擊金屬時，它們會發出響亮的聲音。

水銀是種與眾不同的金屬。在室溫下，它呈現閃亮的液體狀，可以任意流動。隨著溫度變化，水銀會迅速延展或收縮，因此溫度計曾使用水銀來幫忙計溫。然而水銀具備強烈毒性，目前已不再用水銀製作溫度計。

水銀

## 貴金屬

有些金屬非常討人喜愛，使得人們非常渴望擁有。這些貴金屬很難在地表上找到，因此非常昂貴，比如金、銀和鉑，鉑也稱為白金。

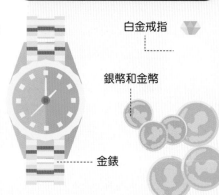

白金戒指

銀幣和金幣

金錶

# 非金屬

元素表中剩下的元素，都是非金屬。它們的特性和金屬不同，絕大多數都顏色黯淡，柔軟且呈粉狀，不易導熱也不易導電。

非金屬

絕大部分的非金屬（比如氧）在室溫下都是氣體，只有一種是液體（溴），其他則是固體（比如碳）。

$O_2$

## 非金屬特性

非金屬元素有幾項共同特性，包括：

**顏色黯淡**

**不良導體**
不易傳導熱和電。

**容易碎裂**
它們很脆弱易碎。

非金屬還有下列兩種特性：

**密度低**

**沒有聲響**
非金屬固體不像金屬，被敲擊時不會發出響聲。

## 碳

碳是非金屬固體元素，可以不同形式存在。其中一個就是碳精，也稱為石墨，是一種黑色、不透明且柔軟的物質，鉛筆筆芯中常含有石墨。碳也會以鑽石的形式存在，它是極為堅硬的透明物質，常用來製作珠寶。

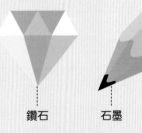

鑽石　　　　石墨

## 惰性氣體

週期表最右邊的直列是惰性氣體，也稱為高貴氣體。早期的科學家以為這些氣體無法與其他元素結合，因此認為它們比其他元素「更好」或「更高貴」。它們是氦、氖、氬、氪、氙和氡。

裝滿氦氣的氣球

霓虹燈

另一種分類物體的方式是硬度。我們觀察數種物體會不會在一個東西上留下刻畫的痕跡，再依序排列硬度。

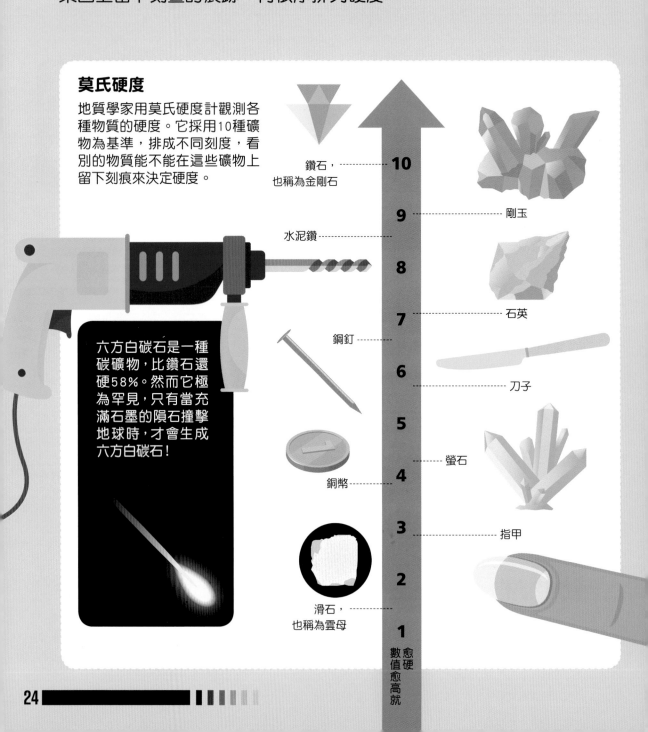

### 莫氏硬度

地質學家用莫氏硬度計觀測各種物質的硬度。它採用10種礦物為基準，排成不同刻度，看別的物質能不能在這些礦物上留下刻痕來決定硬度。

六方白碳石是一種碳礦物，比鑽石還硬58%。然而它極為罕見，只有當充滿石墨的隕石撞擊地球時，才會生成六方白碳石！

鑽石，也稱為金剛石 — 10

9 — 剛玉

水泥鑽 — 8

7 — 石英

鋼釘 — 6 — 刀子

5

螢石 — 4

銅幣 —

3 — 指甲

2

滑石，也稱為雲母 — 1

數值愈高就愈硬

# 可塑性與彈性

有些東西的材質非常堅硬，即使我們使盡力氣也無法改變它們的形狀。但有些材質即使彎折、扭轉也不會碎裂，它們可以維持新的形狀或彈回原本的形狀，可以再次被彎折或扭轉。

我們稱為塑膠的東西，就是種在製造過程中可塑性很高的材質。比方說，「塑膠」水桶其實具備一定彈性。

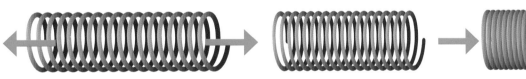

被拉開時　　　　　　沒有外力時　　　　　　被擠壓時

## 彈性的定義

當一個材質受到外力拉扯時會改變形狀，一旦外力消除就變回原本形狀，我們就會說它們具有彈性。

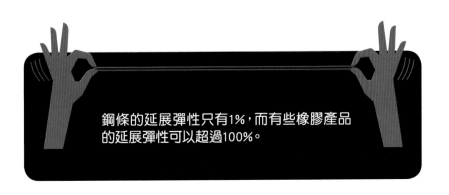

鋼條的延展彈性只有1%，而有些橡膠產品的延展彈性可以超過100%。

# 人造合成物

數千年來，人都以羊毛之類的自然纖維製造傳統布料。不過化學技術在過去100年有了許多進展，人造合成纖維的問世讓我們得以製造更多樣化的質料。

尼龍是史上第一種合成纖維，在1935年面世。

## 製造纖維

生產合成纖維時，我們先混合兩種以上的化學物質，製造出充滿纖維的線團，把它們推進稱為紡嘴或吐絲口的細小洞口。接著就會製造出長長的絲線，交纏後形成人造紗線。把它們加以編織或針織，就能縫製成衣物。

刷毛外套

保暖衫

泳褲

棒球帽

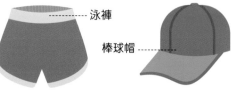

訓練鞋

## 強韌且富有彈性

合成纖維都很堅韌，有些彈性特別好，適合製造運動衣物，因為它們會緊貼身體，讓運動員移動自如，不管是自行車手還是游泳健將，都能在空氣或水中靈活運動。

## 防水

人造纖維非常耐用，還可加上一層防水的化學物質，不像自然纖維容易受損。

這種織品不會滲水，讓穿戴者可以保持身體乾爽。

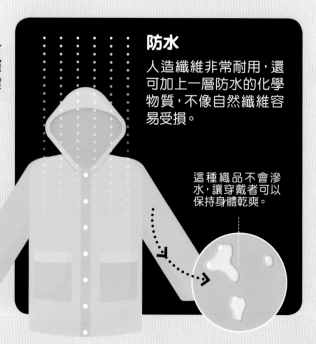

# 複合物

我們可以結合兩種以上的物質，創造出強韌耐用的新物質，也就是所謂的複合材料。如今，許多機器和運輸工具都由最新的複合材料製造而成，但人類早在數千年前就開始使用複合材料了。

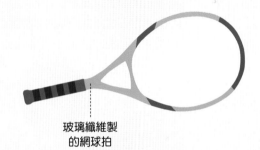

羅馬的圓形競技場是座由混凝土建成的露天大劇場。

## 混凝土

混凝土是歷史最悠久的複合材料之一。它是由水泥與水將沙子或石礫組合起來的凝結體製成。古埃及人已經懂得使用簡單形式的混凝土。羅馬人非常擅常使用混凝土，建造了巨大的羅馬競技場，如今這座混凝土建築已矗立將近2,000年。

## 泥笆牆

泥笆是種古老的複合材料，最早可追溯到1,500年前。它是由編織而成的格柵（籬笆）為骨架，再以泥漿覆蓋成牆，泥漿的原料通常是溼泥或黏土。

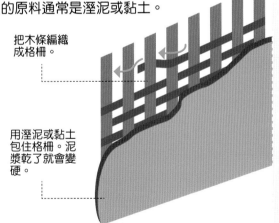

把木條編織成格柵。

用溼泥或黏土包住格柵。泥漿乾了就會變硬。

玻璃纖維製的網球拍

## 玻璃纖維和碳纖維

這兩個都是近代發明的材料，它們由微小的玻璃或碳絲線組成，外面再由塑膠包覆。將纖維排列成同一方向，就承受得了同一方向的拉力，不會斷裂。只要將這些纖維層層疊起，就能製造出超級堅固的材質，抵擋得了來自各種方向的力量。碳纖維和玻璃纖維既輕盈又強韌，是運動器材的理想材料，例如，它們很適合用來製造競速賽船和網球拍。

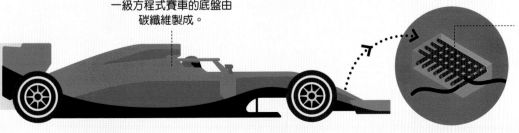

一級方程式賽車的底盤由碳纖維製成。

碳纖維就跟泥笆牆的格柵一樣，彼此交錯，織成網狀。

# 運用自然資源

太陽和地球提供我們各式各樣的原料和能源,讓我們得以建造供人們生活的鄉鎮與城市,提供超過70億人的糧食。然而,這些自然資源並非永遠用不完。如果我們以現在的速度使用它們,很快地,有些資源會永遠消失。

## 農牧業

農作物和牲畜必須要在灌溉良好的肥沃土地上才能生長。然而不當的農牧行為和氣候變遷現象都會破壞土地,讓土地變得不適合耕種或畜牧。

我們得耗費超過15,000公升的水,才能生產出超市貨架上1公斤的牛肉。

## 水

我們需要水才能生存,有了水才能種植和養育供人類食用的植物和動物。然而,地球上適合飲用的水其實非常稀少(見92~93頁),我們必須耗費非常多的能源,才能得到符合安全飲用標準的水。

### 礦物

我們日常生活使用的許多物品，都是由從地底挖出的礦物製造。從我們用來建造房屋的磚塊和岩石，到我們隨身攜帶的手機等電子產品裡的化學物質，其實都來自礦物。

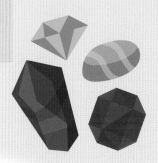

### 再生資源

地球有許多用之不盡的能源，包括風、潮汐和陽光。以前，要利用這些資源製造電力，成本非常高昂。不過近年的科技發展降低了成本，也降低了有害的碳排放量。

### 回收

回收用過的物品和材料，能減緩我們消耗自然資源的速度。回收也可以阻止有污染性的物品破壞環境。

廚餘

塑膠

紙類

玻璃

第二章

能

# 能是什麼？

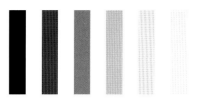

能是能量，它散佈在我們四周，讓物體移動、發光、變熱或改變。物體也會儲存能量，時機一到就釋放能量。

## 儲存能量的形式

能量可透過許多方式儲存在物體中：

### 磁能

相吸的兩端被拉開時，或者相斥的兩端被推近時，都會儲蓄磁力。

### 化學能

分子內讓原子凝聚在一起的能量。

### 內能（熱能）

物質內的總能量，通常是因粒子振動而產生。物體溫度較低時，粒子振動的速度較慢；物體較熱時，粒子振動的速度較快。

### 動能

移動中的物體所儲蓄的能量。

### 核能

原子核內存有的能量。

### 靜電能

相吸的電荷被拉開，或相斥的電荷被推在一起時，所儲蓄的能量。

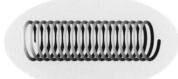

### 彈性位能

彈性物體被拉開或推擠，以致形狀改變時所儲蓄的能量。

### 重力位能

當物體被抬高時所儲蓄的能量。

 # 熱

每個物體和物質內的粒子都會振動（固體）或移動（液體或氣體）。這就是熱能。粒子振動得愈強烈，這個物體或物質擁有的熱能就愈多，不管是一杯冷飲裡的冰塊，還是熾熱的恆星核心，都是如此。

## 測量熱度

溫度是量測一物體的粒子振動速度，也就是該物體動能的工具。我們以攝氏溫標（℃）作為計量單位。一個物體的溫度，呈現其中所有粒子的平均動能。

絕對零度是最低溫度，沒有比它更低的溫度。在絕對零度，組成物質的所有粒子都停止振動，也就是說它沒有熱能。絕對零度是**攝氏-273.15度。**

## 感熱

溫度沒有低到絕對零度時，粒子會有各種行為，會根據粒子的結構和溫度改變狀態（請見10~11頁）。溫度很高時，原子會徹底分裂，產生奇特的次原子粒子。我們測量到的最高溫度是攝氏4兆度（4後面總共有12個零！）。這個紀錄是在美國紐約的布魯克黑文國立實驗室觀測到的。

## 傳熱

熱可以從一個地方傳遞到另一個地方，從一個物體傳遞到另一個物體上。

熱可以透過三種途徑傳遞。

傳導：兩個粒子接觸時，熱能會從一個粒子傳到另一個粒子上。熱能會從比較熱的地方傳向比較冷的地方，比如從鍋子傳到手把上。

對流：流體（氣體與液體）才會出現對流。一部分的流體受熱時，密度會比周圍的流體低，因此往上升。上升時，溫度也漸漸下降，往周圍擴散，最終再次下沉，並再次受熱，形成對流。

輻射：輻射不需要粒子就能傳遞。能以不可見的輻射形式移動（見40~41頁）。來自太陽的能量以輻射形式穿越真空的太空。

# 核能

原子非常微小卻內含龐大的能量。這個能量可以把電力送到住家，就連燃燒的恆星也是從原子中獲得能量。

## 核衰變

有些原子非常不穩定，會隨時間而分裂或衰變。原子分裂時會以三種形式釋出放射能，分別是微小的原子（阿伐粒子）、電子（貝他粒子），或能量波（伽馬射線）。

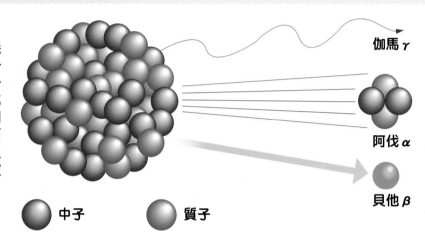

伽馬 $\gamma$

阿伐 $\alpha$

貝他 $\beta$

中子　　質子

## 核分裂

原子核由大量的能量聚合而成。把原子核分開時會釋放出這些能量，這個過程就叫做核分裂。我們將極為細小的中子射向一個大原子的原子核，比如鈾，讓它分裂，釋放出能量和更多的中子。這個過程會形成連鎖反應。

分裂

## 核融合

太陽的中心深處，龐大的壓力將許多原子核擠在一起，讓它們形成更大的原子核。這就是核融合，會以光和熱的形式釋放出極大的能量。

融合

## 核能發電廠

核能發電廠利用核分裂釋放的能量把水加熱，水化為水蒸氣推動發電機，產生電力。

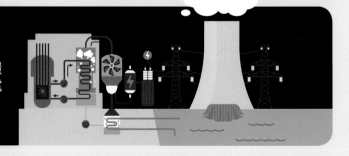

# 波的生成

能量會以波的形式從一處傳遞到另一處，包括池塘中的漣漪和穿越空間的光都是波。

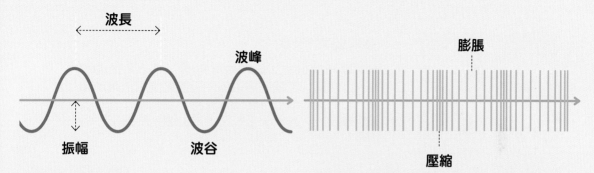

## 橫波（高低波）

橫波的振動方向與能量來源路徑垂直，波移動時會形成波峰和波谷。

## 縱波（疏密波）

縱波的振動方向與能量移動的路徑相同或平行。它們形成壓縮區段和伸展區段，正如橫波的波峰和波谷。

### 地面晃動

組成地殼的板塊突然移動時，就會造成地震。地震釋放的能量同時以橫波及縱波在地面傳送。

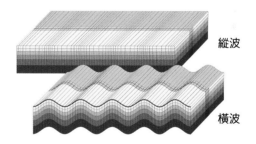

縱波

橫波

## 水波

把一顆石頭投入水池，或當風吹動水面時，釋放出的能量會從擾動中心往外擴散，形成水波。水粒子本身不會隨波移動，而是循圓形路徑移動，產生一股移動的能量波。

# 光

現在往四周瞧瞧，你就會看到行進中的光。光讓你看到五顏六色的事物，從明亮閃耀的物體，到昏暗深沉的區域。

## 透明與不透明

光可以直接通過如清玻璃等物體，而不會受到干擾，因為這些物體是透明的。有些物體無法讓光穿透，它們會吸收或反射所有光線，我們稱它們為不透明物體。只會讓部分光通過的物體，稱為半透明物體。

## 黑暗之中

光線被不透明物體擋住時會出現黑暗區塊，我們稱它為陰影。陰影的中央區域叫做本影區或全影區，通常是完全黑暗。本影周圍角落比較淺的區塊，稱為半影區。

影子最黑的地方是本影區，這是光源完全無法觸及的區域。

影子比較淺、部分光源可觸及的區域稱為半影區。

## 光源

會發出亮光的物體稱為光源，它們製造光的方式各不相同。燈泡透過電力發光，蠟燭則靠燃燒蠟而發光。太陽靠核反應發光，有些動物，比如螢火蟲，則會藉由結合體內的化學物質來發光。

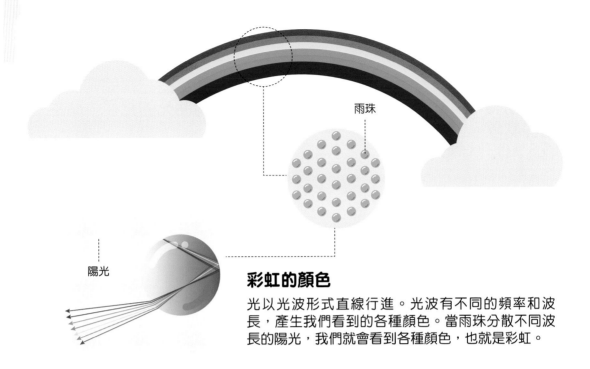

雨珠

陽光

## 彩虹的顏色

光以光波形式直線行進。光波有不同的頻率和波長，產生我們看到的各種顏色。當雨珠分散不同波長的陽光，我們就會看到各種顏色，也就是彩虹。

## 偵測光線

你用雙眼偵測光線。光線進入你的眼睛，直到眼睛後方的感光區，也就是視網膜。視網膜上佈滿了特殊細胞，光一射到它們，它們就會向你的大腦發送訊息。大腦解讀這些訊息，組成圖像，讓你看到身邊的世界。視網膜上的影像其實是上下顛倒的！幸好大腦會把這些圖像轉正。

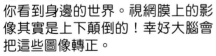

光

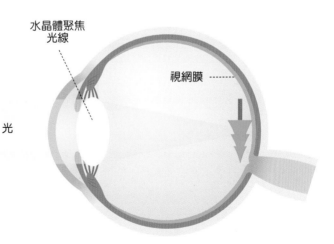

水晶體聚焦光線

視網膜

光的移動速度非常快，**每秒可行進3億公尺**，只需要8分鐘，光就能從太陽行進1億5千萬公里，抵達地球。

# 反射與折射

光以直線行進,但若遇到物體或不同材質,光的行進路線就會受到影響。物體可能會讓光往不同方向彈跳,或者彎曲光的路徑,產生扭曲的影像。

### 彈跳

金屬或鏡子等光亮表面,都會讓光彈跳或反射。朝鏡子行進的光稱為入射光線,彈跳開的光稱為反射光線。入射光線和鏡子形成的角度稱為入射角,在一片平坦的鏡子上,入射角會等同於反射角。

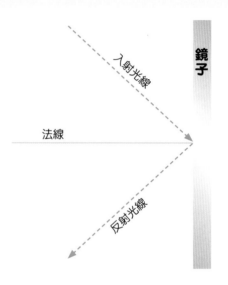

### 形成影像

反射光從鏡子射出時,產生一幅好似來自鏡子後面的視覺影像。在平坦的鏡子上,看起來位在鏡子後面的物體影像,會和鏡子前的物體距離相等。

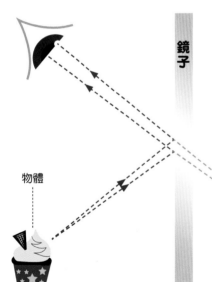

看起來位在鏡子後方的物體影像,它與鏡子的距離,等同於實際物體和鏡子間的距離。

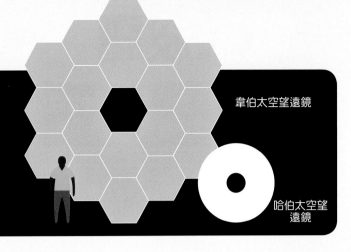

韋伯太空望遠鏡

韋伯太空望遠鏡的主鏡由18面鏡片組成，每一片都能獨立調整，可產生極為清晰的影像。主鏡直徑長達6.5公尺。相比之下，哈伯太空望遠鏡的主鏡直徑只有2.4公尺。

哈伯太空望遠鏡

## 彎曲光線

光線從一個物質通過再到另一個物質時，比如從空氣穿過玻璃，此時光線就會轉彎，也就是折射。只要把鉛筆插入水杯中，你就能觀察到折射現象。水杯中的鉛筆看起來好像斷成兩截，因為光線必須先穿過水、玻璃和空氣，才會抵達你的雙眼。

凹透鏡

## 放大光線

只要排列數片玻璃，就能讓光以不同方式折射，產生聚焦清晰的放大影像。凸透鏡（鏡片兩側往外凸出）會讓光線集中。放大鏡和望遠鏡都用凸透鏡製造。凹透鏡（鏡片兩側往內縮）會讓光線發散。有些眼鏡鏡片（近視）就使用凹透鏡製作。

凸透鏡

## 以重力彎曲光線

黑洞的重力非常強大，足以彎曲從它們後方物體傳來的光線，這就是重力透鏡效應，會讓遠方物體產生扭曲甚至多重的影像。

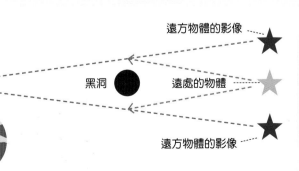

遠方物體的影像

黑洞　　　遠處的物體

遠方物體的影像

# 電磁波譜

我們看到的光線其實只占電磁波譜的一小部分。人類看不到電磁波譜中大部分的波，但你身邊有很多物品都使用這些看不到的電磁波。

## 完整波譜

位在電磁波譜不同區段的能量，波長都不一樣，其中含括長波長的無線電波，到波長很短的伽馬射線。

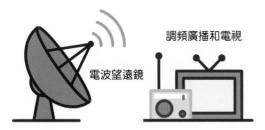

電波望遠鏡

調頻廣播和電視

行動通信基地台

電視搖控器

### 無線電波

無線電波的波長從數公釐到數千公里不等。天文學家使用無線電望遠鏡偵測遙遠物體發散的無線電波，我們也會用無線電波發送傳遞到地球各處的訊息。

### 微波

我們用微波加熱食物，我們手上的行動電話也用微波向附近的基地台傳送訊號。

### 紅外線

溫暖的物體會散發紅外線。電視遙控器使用的也是紅外線。

無線電波　　　　微波　　　　紅外線

電磁波譜這一端的波
具有很長的波長，
有的甚至可逼近
**10萬公里**。

### 可見光

人類的眼睛可看到電磁波譜這一區間的光。

許多行動電話的照相機可以看到人眼看不見的紅外線。如果你把手機相機對準電視搖控器，並按下搖控器按鈕，就能看到閃爍的紅外線。

太陽

X光儀

放射性物質

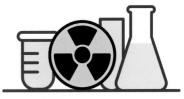

**紫外線**
太陽會射出紫外線。這種能量會破壞皮膚細胞，但只要有穿衣服、戴太陽眼鏡或擦防曬產品，就能阻絕紫外線的傷害。

**X光**
X光可穿透你身上的柔軟組織，但會被牙齒或骨骼等堅硬部分吸收或反射。我們透過X光看到人的體內，檢查斷骨或其他身體問題。

**伽馬射線**
這一部分的電磁波具有高能量，溫度很高和活躍的物體會發散伽馬射線，比如脈衝星和黑洞。

紫外線　　　　　　　X光　　　　　　　　伽馬射線

電磁波譜這一端的波
的波長很短，
甚至可短達

**兆分之一公尺**

（1皮米）。

# 聲音

世上有各式各樣的聲音,從收音機放送的音樂到公車駛過的隆隆聲都包含在內。聲音是縱向波,可以穿過固體、液體、氣體,最後進入你的耳朵,你的耳朵再把聲音轉化為訊號,送到腦部。

## 分貝表

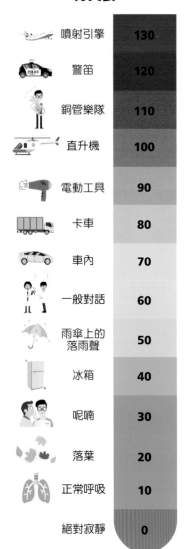

| 圖示 | 項目 | 分貝 |
|---|---|---|
| 噴射引擎 | 130 |
| 警笛 | 120 |
| 銅管樂隊 | 110 |
| 直升機 | 100 |
| 電動工具 | 90 |
| 卡車 | 80 |
| 車內 | 70 |
| 一般對話 | 60 |
| 雨傘上的落雨聲 | 50 |
| 冰箱 | 40 |
| 呢喃 | 30 |
| 落葉 | 20 |
| 正常呼吸 | 10 |
| 絕對寂靜 | 0 |

## 音量

音量指的是聲音大小,也就是它的振幅。在波圖中,音量指的是波峰高度(或是波谷深度)。波峰愈高,聲音就愈大。

## 音量漸大

我們以分貝為單位,測量音量大小。

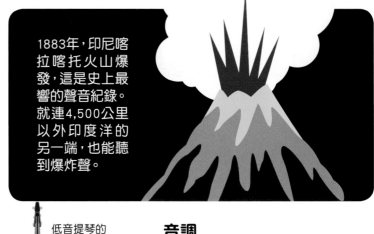

1883年,印尼喀拉喀托火山爆發,這是史上最響的聲音紀錄。就連4,500公里以外印度洋的另一端,也能聽到爆炸聲。

低音提琴的音調很低。

小提琴的音調很高。

## 音調

音調指的是聲音的高低。我們透過聲音頻率,也就是每秒的振動次數,來測量聲音高低。高頻率聲音的音調比較高,低頻率聲音的音調比較低。聲音頻率的單位是赫茲(Hz)。

### 音速

聲音的行進方式是將振動能量從一個分子傳到下一個。聲音在真空中無法行進,而且聲音穿越固體的速度最快,穿越氣體的速度最慢。

在海平面,
聲音穿越空氣的速度是
**每秒323公尺,**
在水中則是
**每秒1,481公尺,**
在鑽石中則是
**每秒12,000公尺。**

### 用聲音看世界

有些動物透過聲音偵測身邊的物體。海豚和蝙蝠製造超音波(音調太高以致人類聽不見的音波),超音波一碰到獵物,就會反彈回來,產生回音。動物們經由聆聽這些回音,估計獵物的位置、方向和移動速度。

### 音質

聲音的特質也稱為音品或音色,指的是讓聲音獨一無二的特點。這就是為什麼鐘聲和小提琴聲,貓叫聲和火車聲都大不相同。

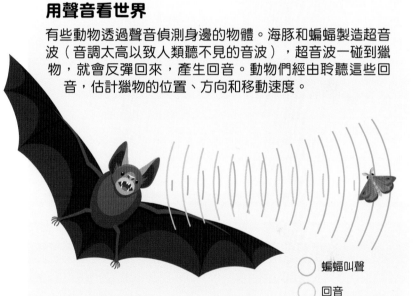

○ 蝙蝠叫聲
○ 回音

### 聽覺範圍

人類能聽到的聲音範圍很廣,從低音到高音都聽得見。但有些動物的聽覺範圍比人類更廣,可以感知更低頻或更高頻的聲音。

**音頻範圍(以赫茲為單位):**

| 0 | 40,000 | 75,000 | 100,000 | 150,000 |
|---|---|---|---|---|

人類 64~23,000

狗 67~45,000

大象 16~12,000

海豚 75~150,000

蝙蝠 2,000~110,000

電讓天空出現閃電，也讓家裡的燈泡發光。強烈的閃電足以造成嚴重危害，但我們已學會如何善用電力來照亮家園，帶來暖氣，同時用電提供車輛和機器動力。

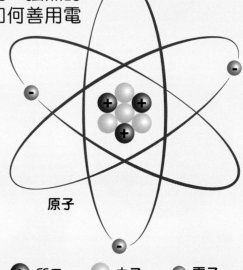

原子

## 電是什麼？

萬物都由原子組成，原子帶有正電（質子）和負電（電子）。電荷改變時，通常是帶負電的電子移動，或者在一個地方增加電荷，就會產生電。

➕ 質子　　　　中子　　　➖ 電子

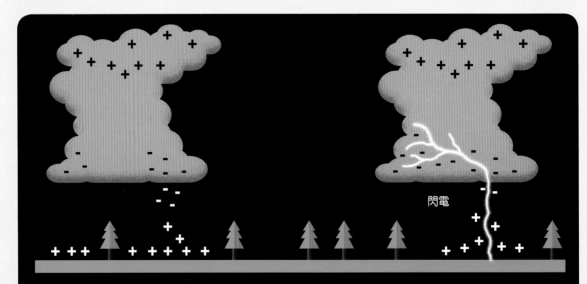

閃電

### 靜電和閃電

當一個地方的電荷增加，就會產生靜電。風暴雲中，冰粒間的移動和摩擦都會產生電荷。電荷夠大時就會產生閃電。

一道閃電的能量可高達

### 50億焦耳──

足以供應一棟房子一個月所需的電力。

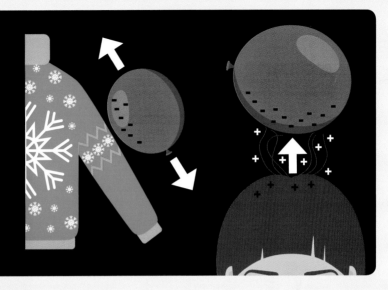

## 導電體和絕緣體

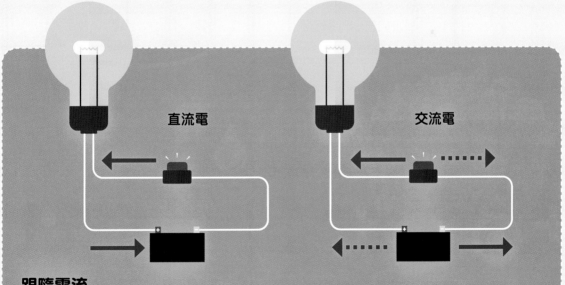

橡膠絕緣體　　　銅絲

電能輕鬆通過某些材質，比如金屬。這些材質稱為導電體，常用來製造電器用品和小型裝置的零件。塑膠之類的材質則會阻斷電的傳輸，它們是絕緣體，常用來包裹電線。

直流電　　　　　　　　　交流電

## 跟隨電流

電子移動形成電流。導電體必須組成完整的環路，也就是電路，電才能流動。電流可經由兩種方式流過電路，一是朝單一方向流動，也就是直流電（簡稱DC），或者讓電子在一秒內來回流動許多次，也就是交流電（簡稱AC）。

# 發電

我們的家庭和工廠中滿是各式各樣的裝置和機器，有了電，它們才能順利運轉。發電廠利用各式各樣的能源來發電。

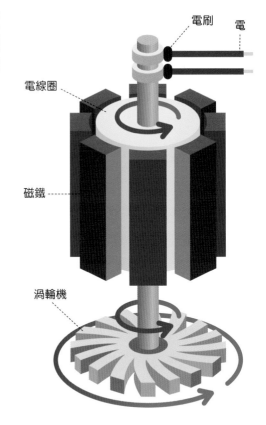

電刷
電
電線圈
磁鐵
渦輪機

## 發電機

我們通常使用一種稱為發電機的大型機器來產生電。當大型電線圈在磁場內旋轉，會產生一道電流。我們將空氣、水蒸氣或水推進一個渦輪，也就是一個裝了葉片的轉輪，讓線圈不斷旋轉，持續產生電流。

煤

石油

瓦斯

## 化石燃料

石油、煤和瓦斯都屬於化石燃料，燃燒化石燃料會釋放大量的熱能。我們用這些熱將水煮沸變成水蒸氣，讓渦輪不斷轉動。但燃燒化石燃料會產生大量的二氧化碳，造成氣候變遷。

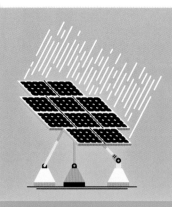

## 太陽能發電

我們可以透過兩種方式用太陽能發電。光電（簡稱PV）電池可直接將陽光轉變為電力。聚光型太陽能則透過鏡片或鏡子集中陽光，加熱水或其他液體，好推動渦輪。

地球在1小時內從太陽接收到的能量，超過全人類一整年使用的能源。

## 風力發電

風推動巨大的風車，有些風車葉片的長度超過50公尺。許多大型風力發電機都位在海上。

## 核能發電

在核反應爐的中心或核心中進行核分裂反應（請見34頁），會釋放出熱能，把水變成水蒸氣，使渦輪轉動。

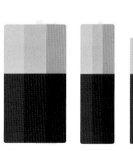

## 水力發電

水力發電利用水的流動產生電力。我們能利用不停流淌的河流，也可以讓水庫的瞬間排水流進渦輪系統，或利用每天的潮汐漲落。

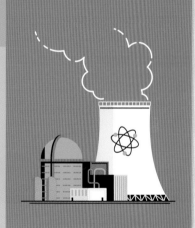

## 蓄電

電池儲存電力，讓我們隨時可以用電。電池藉由化學物質蓄電。當化學物質產生反應，就會製造電力，釋放能量。

美國加州建造了一座巨大電池，它是世上最巨大的電池之一。蓋特威計畫儲存2億5,000萬瓦電力，足以供給多達

**15萬戶家庭**

用電1小時。

<br>

# 能源

地球上住了超過75億人口，需要龐大的電力，我們對電的需求也愈來愈大。然而有些發電方式製造的污染比較多，我們必須減少它們對環境造成的影響。

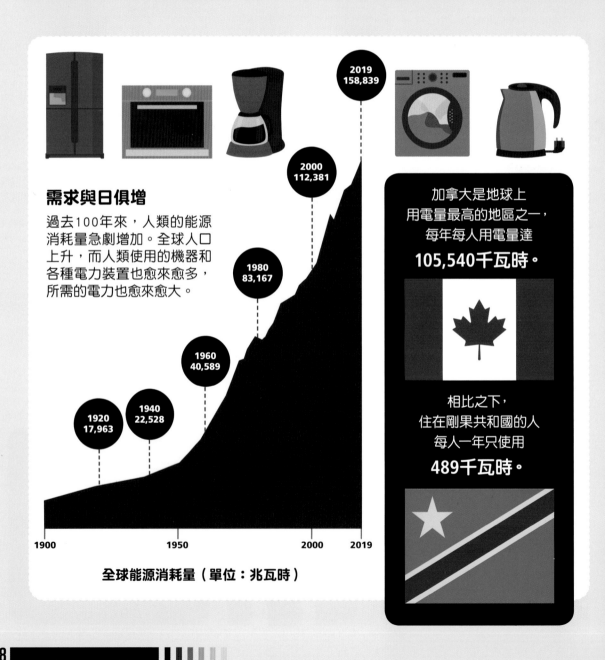

## 需求與日俱增

過去100年來，人類的能源消耗量急劇增加。全球人口上升，而人類使用的機器和各種電力裝置也愈來愈多，所需的電力也愈來愈大。

**2019**
**158,839**

**2000**
**112,381**

**1980**
**83,167**

**1960**
**40,589**

**1940**
**22,528**

**1920**
**17,963**

1900　　　1950　　　2000　2019

**全球能源消耗量（單位：兆瓦時）**

加拿大是地球上用電量最高的地區之一，每年每人用電量達

**105,540千瓦時。**

相比之下，住在剛果共和國的人每人一年只使用

**489千瓦時。**

## 初級能源需求

目前化石燃料仍然負責供應80%全球能源需求。

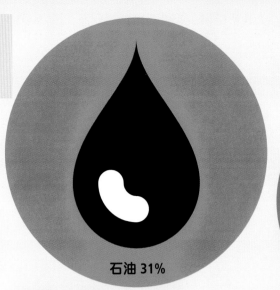

石油 31%

煤 26%

根據估計，地球剩餘的石油存量只能供人類再使用

**50年**。

瓦斯 23%

核能 5%

生質能源 4%

其他再生能源 10%

### 化石燃料

化石燃料來自數百萬年前的動植物殘骸。石油、煤、天然氣和泥炭都屬於化石燃料。這些能源大部分位在地下或海床下，我們必須建造礦場和海上平台，才能將它們運送到地面。使用化石燃料會釋放非常多的溫室氣體到大氣層，科學家認為這是全球暖化的主因之一。

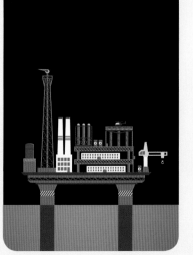

### 微型發電

全球各地有許多家庭和辦公大樓安裝太陽能板和小型風力渦輪機，進行小規模的發電。地源熱泵則利用地下熱能為房子供熱。

第三章

力

# 力是什麼？

力是一個物體受到的推力或拉力，這些力具有方向性。力可以讓物體的移動速度變快或變慢，改變物體的形狀，甚至摧毀整個物體。你不一定看得到它，但你看得到也感覺得到身邊各種力引發的效果。

## 你身邊的力

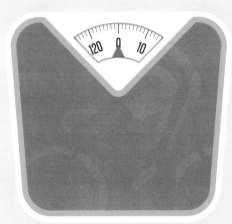

## 原子中的力

每個原子的原子核都仰賴強大的力才能聚合在一起。原子彈爆炸時或核電廠反應爐內，都會釋放這些力量。

### 重力與重量

你隨時隨地都受到重力影響。地心引力把你往下拉，讓你得以站在地面，你的體重也因此而來。

### 電磁

所有帶電粒子都會受電磁力影響。電磁力控制電、磁和光。電磁力會讓粒子相吸或相斥。

力的單位是牛頓，代表符號是N。

# 力的作用

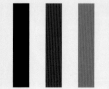

當力推向一個物體時，另一個力會從反方向回推。一個物體通常同時受到數種力作用。這些力可以結合在一起增強效果，也可能會彼此抗衡。

## 平衡力

當兩股大小相當的力朝相反的方向作用，它們會抵銷彼此。我們稱它們為平衡力。力達到平衡時，靜止的物體會維持不動，而移動中的物體會以相同速度朝相同方向前進。桌上的書受到重力往下拉，但桌子以同等的力回推。

## 不平衡力

當兩股力大小不同，朝相反方向作用，就會形成不平衡力。兩種力的大小差稱為合力。原本靜止不動的物體會按合力的方向移動，而原本移動中的物體會改變移動速度或方向。我們騎單車前進時，必須使出足夠的力氣對抗反方向的力，比如摩擦力和空氣阻力，才能往前移動。

## 牛頓定律

英國科學家艾薩克·牛頓爵士（1643~1727）發展了三大運動定律。

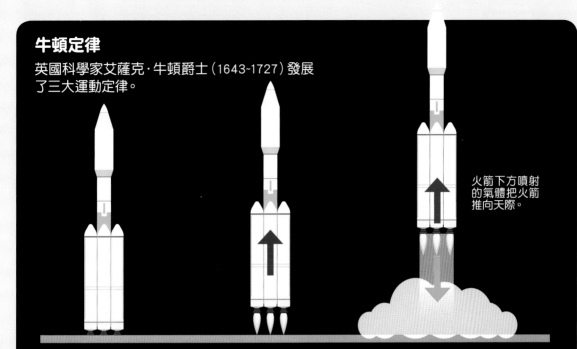

火箭下方噴射的氣體把火箭推向天際。

### 第一定律

除非受到外力，不然靜止的物體會維持不動，移動中的物體會穩定地以直線移動。

### 第二定律

當物體受到外力影響，物體會改變移動速率，這稱作加速。

### 第三定律

每個力都有相等反作用力。

## 轉動力

當我們對一個連接到樞軸的物體上施力，物體就會繞著樞軸，隨力的方向轉動。這個轉動力就稱為力矩。我們可將力的大小乘以離樞軸的距離，計算力矩的大小。在離樞軸較遠的地方施力，其力矩比離樞軸較近的力矩要大。比如，扳手增加了力離樞軸的距離（螺帽繞螺栓轉動）。這樣一來，扳手就增加了轉動力。

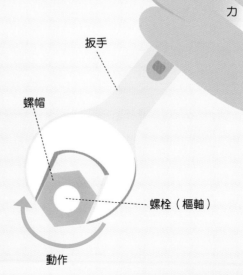

力

扳手

螺帽

螺栓（樞軸）

動作

# 重力

重力也稱為引力，是物體間相吸的力。所有的物體，包括微小的電子，都具有引力。物體的質量愈大，引力就愈強。

### 變重

地球重力把你的身體質量往下拉，產生重量。重力讓物體以每平方秒9.8公尺的加速度朝地球中心墜落。

> 當你離某個物體愈遠，你與那個物體間的引力就愈小。

秘魯瓦斯卡蘭山　　　北冰洋

地球重力會隨你的所在位置而變化。北冰洋是地球上重力最大的地方，秘魯的瓦斯卡蘭山則是地球上重力最小的地方。如果你在這兩個地方，都從100公尺的高度丟下一個物體，北極的物體會比在秘魯的相同物體快16毫秒落到地面。

## 太空中的重量

太陽系每個行星的質量都不同，也就是說它們的重力大小都不同。

| 水星重力： | 金星重力： | 月球重力： | 木星重力： | 土星重力： | 天王星重力： | 海王星重力： |
|---|---|---|---|---|---|---|
| 380牛頓 | 910牛頓 | 170牛頓 | 2,530牛頓 | 1,070牛頓 | 910牛頓 | 1,140牛頓 |

火星重力：380牛頓

**一個在地球上的重量是1,000牛頓的人，
在太陽系其他行星上的體重依序如上。**

## 太空中的重力

重力讓太陽系的行星都循著軌道繞太陽旋轉。少了太陽的重力，所有行星都將以直線飛離。重力讓星球都以橢圓形路徑行進，這個路徑看起來就像個壓扁的圓。愈靠近太陽的行星，繞行的速度就愈快，不然它們會掉進太陽裡。離太陽較遠的行星，繞行的速度比較慢，不然它們就會朝太空飛去。

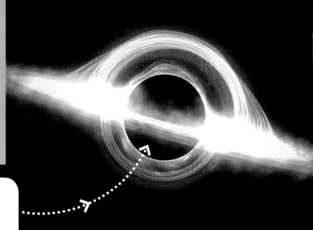

黑洞的質量非常龐大。它們的重力太強了，沒有東西逃得掉，就連光也會被吸進去！

# 壓力

當一個物體推向另一個物體，就會產生壓力。如果你增加推力，壓力也會增加。

計算壓力大小時，我們會將力除以受力面積。

$$壓力 = \frac{力}{受力面積}$$

當力的大小不變，受力面積卻比較大時，壓力就比較小；受力面積較小時，壓力就比較大。

### 改變壓力

足球員的球鞋底下都有鞋釘，好增加抓地力。鞋釘的施力面積小，有助於增加壓力，讓鞋釘陷入地面，防止球鞋滑動。滑雪者的腳上穿了長雪板，雪板的面積大，能減少壓力，讓滑雪者在雪地上不會陷下去。

**面積小 = 壓力較大**

**面積大 = 壓力較小**

### 氣壓

你可能從未注意到，但地球的大氣一直壓在你的身上，產生氣壓。當你處在海拔高的地方，氣壓比較弱，因為位在你上方的空氣比較少，下壓的力量較輕。

### 深海壓力

當你沉到海底，上方的海水都會壓向你。你潛得愈深，水壓就愈大。活在深海中的動物都必須承受比海面多達數百倍的壓力。

聖母峰頂端的氣壓，只有海平面氣壓的33%。

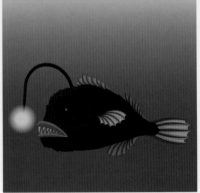

# 摩擦力

兩個物體摩擦時，會產生摩擦力。摩擦力與物體移動的方向相反。摩擦力讓物體難以移動，當摩擦力夠大時，可以阻絕一切動作。

## 善用粗糙

一個物體能產生多大的摩擦力，端看它的材質和粗糙程度而定。粗糙的材質會比平滑的材質產生更多摩擦力。我們可以利用摩擦力的原理，製造實用的抓力。在結冰的地面上，橡膠鞋底的抓地力比較好，而煞車墊產生的摩擦力能幫助車子或單車減速。

## 追求滑順

摩擦力常帶來一些難題，有時我們得耗費很多力氣才能抵銷摩擦力。我們可以使用油或水之類的潤滑劑來減少摩擦力。在兩個物體表面之間添加潤滑劑，有助於減少兩者間的摩擦力。

## 空氣阻力

圍繞在你四周的空氣，由眾多微小粒子組成。人體穿過這些微粒時，會產生稱為空氣阻力或曳力的摩擦力。交通工具設計師研發各種不同形狀的汽車、單車和卡車來減低阻力的影響，讓它們在空氣中更順暢地行進。

# 漂浮與下沉

為何巨大的船隻可以漂在海面上，但一顆小小的石頭卻會沉到水底？你有想過這個問題嗎？有種力叫做浮力，浮力大小決定物體會下沉還是浮起。

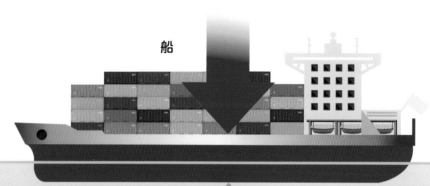

船

## 平衡

物體下水時，自身的重量會往下壓，讓物體往下沉，並且推開同體積的水，取代水的位置。與此同時，被推開的水會往上推向物體，產生向上的浮力，浮力相當於這些水的重量。當浮力等同於物體的重量，物體就會浮起。這就是為什麼船會浮在水面。

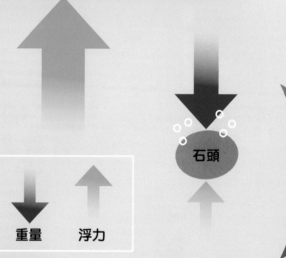

石頭

重量　浮力

東方香港號是史上最大的貨櫃船。
它的船身逼近
**400公尺長，59公尺寬，**
滿載排水量高達
**257,166公噸。**

中空的
船體

## 船體中空

船體的內部中空，即使船上載滿了巨大的貨櫃，依然比船身取代的水量輕。

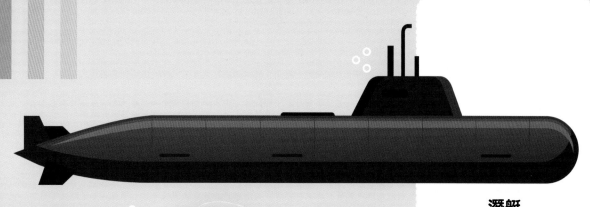

## 潛艇

潛水艇的船體設有數個特製的箱槽,只要往裡面充氣,降低船身密度,就能在水中往上浮。要下沉時,就將水打入這些箱槽,讓潛艇密度增加。

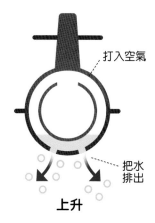

打入空氣

把水排出

**上升**

## 魚

許多魚類身上都有稱為魚鰾的小囊袋。當魚鰾充滿空氣,魚身密度降低,魚就會上浮。魚把空氣擠出魚鰾時,魚身的密度會增加,魚就可以往下沉。鯊魚之類的魚種沒有魚鰾,牠們利用魚鰭在水中上下游動。

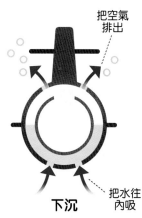

把空氣排出

把水往內吸

**下沉**

### 熱帶淡水載重線

熱帶載重線　夏季淡水載重線

夏季載重線　**B** **O** **V**

冬季載重線

BV必維國際檢驗集團

## 載重船舶吃水線

載重量愈重,船身在水上的下沉幅度就愈大。海上航行的船隻,船舷都有條特別的記號,叫做吃水線,顯示船的安全載重量。

數百萬年來,鳥、蝙蝠、昆蟲等動物都在空中飛翔。人類直到數百年前才開始挑戰飛行,搭乘創意十足的飛行器飛向天空。

## 比空氣更輕盈

人類一開始用熱氣球飛行。熱氣球有一個稱為氣囊的大袋子,裡面裝了一個燃燒器來加熱氣囊內的空氣。當氣囊裡的空氣變熱,氣囊會漲起來,裡面的空氣密度變得比外面的空氣密度低,氣囊就會上升,把整個熱氣球和下方籃子的乘客拉向天空。

暖空氣

冷空氣

熱氣球

氫氣和氦氣比空氣輕。把這兩種氣體打進大袋子中,袋子就會浮在空中。飛船一開始是使用充滿氫氣的氣囊飛行,但氫氣非常不穩定,很容易引發爆炸。經歷一連串可怕意外後,包括1937年的興登堡飛船事件,飛船終於停止使用氫氣。現代飛船和軟式氣艇都使用比較安全的氦氣。

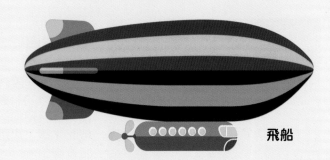

飛船

## 翅膀怎麼運作？

鳥、昆蟲、蝙蝠和飛機有一個（不如說一對）共同特徵：翅膀。這些水平延展的翅膀，它們的後端都比前緣朝下偏一些。這個偏角稱為攻角。在空氣中移動時，翅膀讓空氣朝下流動，產生一股向上的力量，把翅膀往上推，這就叫做升力。

升力

攻角

翅膀

氣流往下偏

## 利用空氣

翱翔的鳥兒和沒有引擎的滑翔機，都藉由上升的熱氣流順勢升空。熱氣流是比附近空氣溫度高的氣柱。熱氣流往上時，會帶著鳥兒和滑翔機一起上升。

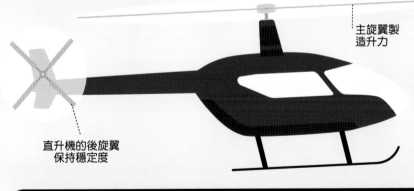

主旋翼製造升力

## 旋轉翼

許多飛機的機翼是固定的，而直升機則是藉由旋轉翼飛行。旋翼旋轉時會產生升力。因此直升機不用往前飛就可直接上升，而且可以在空中盤旋。

直升機的後旋翼保持穩定度

## 車子的尾翼

有些強調速度的車型也有翅膀，但它們不會讓汽車往上飛。這些車子的翅膀的角度前低後高。當車子穿過空氣，車子的尾翼會把空氣往上推，產生稱為下壓力的力量。下壓力把車子往柏油路或賽車道推，增加車子的抓地力。

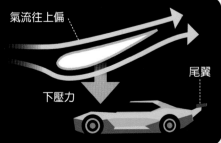

氣流往上偏

尾翼

下壓力

# 磁力

帶磁性的物體有股可以吸引或推開其他物體的力量。

### 磁場

磁鐵有兩極，一端是指北極（N），另一端是指南極（S）。磁鐵周圍的空間稱為磁場，在這個空間裡，磁鐵會對其他有磁性的東西產生作用。

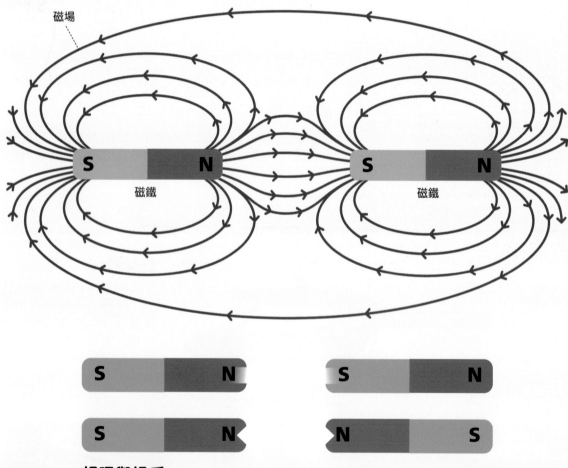

磁場

磁鐵 磁鐵

### 相吸與相斥

當你把兩塊磁鐵擺在一起時，會發生很有趣的現象。兩個相反的磁極（一個指北極和一個指南極）靠近時，它們會彼此吸引相拉。但當兩個相同的磁極（兩個指南極或兩個指北極）靠近時，它們會相斥，把彼此推離。

## 地球的磁性

我們的地球深處有個地核，它是個不斷攪動、非常炎熱的鐵核。這個翻攪的動作把地球變成一個巨大的磁鐵，形成圍繞地球的廣大磁場。

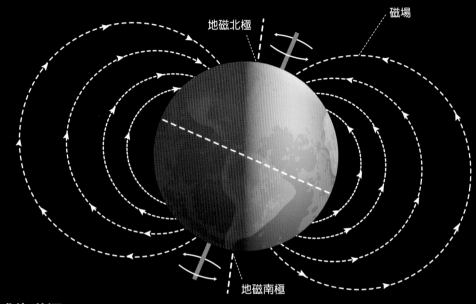

磁場

地磁北極

地磁南極

## 地球的磁極

地球就像所有磁鐵一樣，有兩個磁極，稱為地磁北極和地磁南極。你可以用羅盤偵測地球的磁場。羅盤的磁針會旋轉，對正地球的磁場，指向地磁南北極。

## 地球的保護層

地球磁場保護地球，避免太陽的有害輻射傷害我們。地球磁場讓這些輻射偏離，但在兩個極區，磁場會往下探，將輻射匯集到地球表面。輻射進入大氣層時會與空氣粒子產生作用，創造出閃亮的光芒，也就是極光。

## 創造磁鐵

你只要用磁鐵朝同個方向摩擦某個物體，就能讓它帶有磁力。與磁鐵摩擦，會讓這個物體內的粒子朝同一個方向排列。

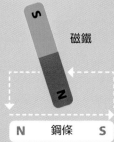

S

磁鐵

N

N　鋼條　S

電流周圍都有磁場。當電通過電線圈，就會產生磁場。電流一旦消失，磁場也隨即消失。

# 簡單的機械

我們利用各種機械裝置，讓工作變得簡單。下面六種器具都已存在數千年，它們會改變力的大小和方向。

### 槓桿

槓桿是一個繞著樞軸或支點旋轉的棒子或某種堅硬物體。槓桿使用力來提起重物，這個力就是作用力。依照重物、作用力和支點的位置，槓桿共分為三種。

負重

支點

作用力

第一種槓桿的支點位在重物和作用力的中間。剪刀屬於第一種槓桿。

負重

作用力

支點

第二種槓桿的重物位在作用力和支點之間。單輪手推車就屬於第二種槓桿。

負重

作用力

支點

第三種槓桿的作用力則位於重物及支點中間。鑷子、掃帚和釣魚竿都屬於第三種槓桿。

### 輪子

輪子是繞著軸心旋轉的圓形物。車輪降低車輛與地面的摩擦，讓車輛更易於前進。我們也可以根據同樣原理增加力道。比方來說，有些閥門設了像輪子的圓形把手。當你轉動把手外側，施加在閥門內側的力量會增加，讓我們更容易開關閥門。

輪子

輪軸

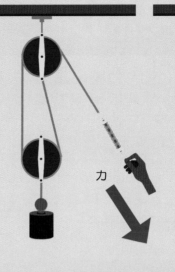

滑輪
繩索
力

荷重

力

力

## 滑輪

滑輪是個輪子周圍繞了繩索的裝置，它讓我們輕鬆舉起重物。使用的滑輪愈多，上舉的力量愈大，但你也必須拉更長的繩子才能舉起物體。一條繞過4個滑輪的繩索，能讓你抬起4倍的重量，但你拉的繩索長度也是4倍。

## 斜面

斜面或斜坡能降低重物前進時的角度，讓我們更容易舉起或放下重物。斜坡坡度愈小，愈容易把重物往上推，但平緩斜坡需要更長的距離才能達到同樣高度。

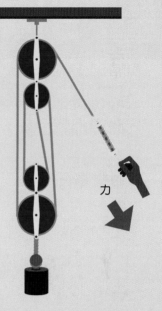

## 螺旋

螺旋是有著螺紋的圓柱體或圓孔體。旋轉梯和木螺釘都是運用螺旋的實例。

## 楔子

這是種改變施力方向的三角型器械。向楔子的平面端施力，力量會發揮在兩個斜面，將物體劈開。斧頭和針都是利用楔子原理的實例。

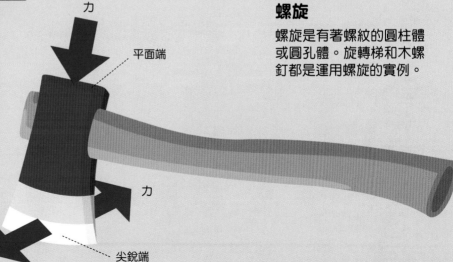

平面端

力

力

尖銳端

**65**

人或動物只能發揮一定的力量，讓機械或交通工具運轉。有了引擎，機械才能獲得更多動力，不管是載全家人上路或把衛星送上太空，都必須仰賴引擎。

## 蒸氣動力

蒸氣引擎使用燃煤等外來能源將水加熱，水一沸騰就化為蒸氣。隨著蒸氣增加，壓力上升，就會來回推動活塞。

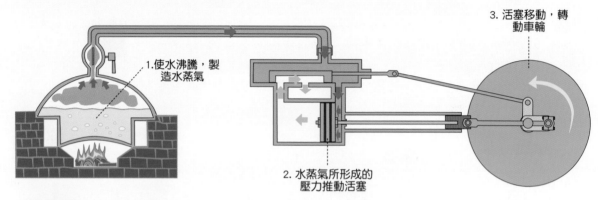

1. 使水沸騰，製造水蒸氣

2. 水蒸氣所形成的壓力推動活塞

3. 活塞移動，轉動車輪

## 內燃機

這種引擎在一個氣缸中混和燃料和空氣，接著擠壓混合物並點燃，引發爆炸，把活塞往下推。活塞上升時會排出廢氣，接著往下掉，吸進燃料和空氣的混和物。這個過程每秒會重複數千次。

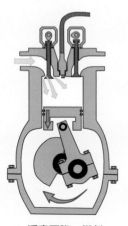
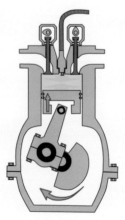
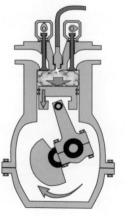
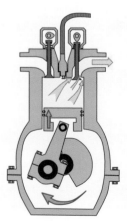

1. 活塞下降，燃料與空氣進入

2. 活塞上升，壓縮混和物

3. 燃料被點燃，把活塞往下推

4. 活塞上升，排出廢氣

## 電動馬達

線圈在磁場內旋轉

電流通過線圈，線圈周圍就會產生磁場。如果把一個會轉動的線圈放在另一個磁場中，兩個磁場產生作用，線圈就會一直旋轉。這就是電動馬達的運作方式。

## 噴射引擎

噴射引擎從前方的大型渦輪機吸入空氣。引擎壓縮空氣並將它與燃料混合，再使其燃燒。這會產生一股熱氣，將這股熱氣從引擎後方射出，就會推動引擎和裝了引擎的交通工具往前移動。有些飛機利用這股熱氣轉動大型推進器，產生往前的力量，也就是推力。

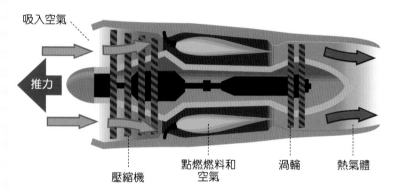

吸入空氣

推力

壓縮機　　點燃燃料和空氣　　渦輪　　熱氣體

## 火箭推進

火箭是威力強大的引擎，它把燃料和氧化劑混合後再加以點燃，就會產生一股強大的熱氣。這些熱氣從噴嘴衝出，把火箭往前推。燃料和氧化劑可以液體或固體顆粒的形式儲存在火箭中。

阿波羅月球行動使用了威力強大的農神5號火箭，製造出足以將122噸的火箭彈頭推上天空，進入繞行地球的軌道。

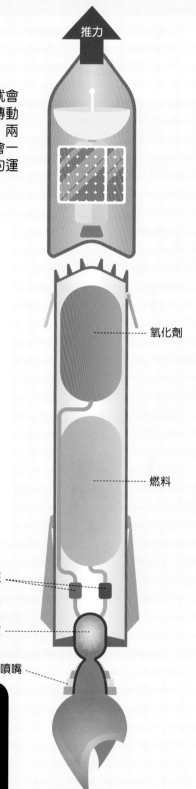

推力

氧化劑

燃料

泵

燃燒室

噴嘴

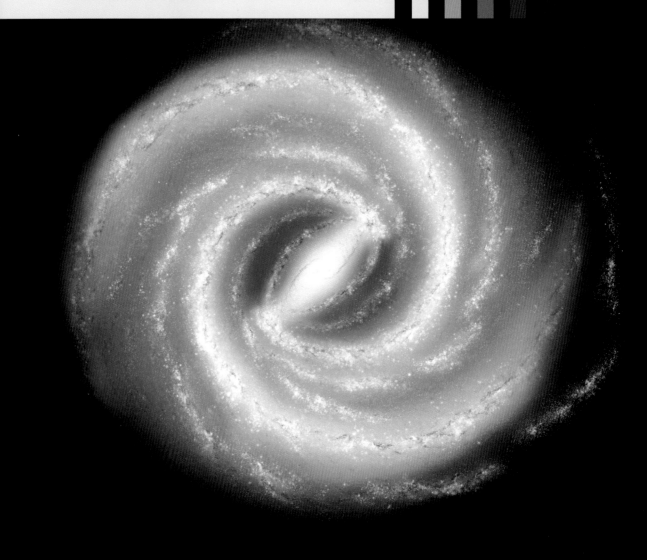

## 第四章

# 太空

# 探索太空

天文學家是研究太空的科學家。他們利用望遠鏡觀察,並收集被送進太空的探測器傳回的資料,來研究離地球非常遙遠的物體。

## 望向太空

望遠鏡利用鏡片和鏡子收集來自太空的光線。望遠鏡呈現放大的影像,讓人們得以研究非常遙遠的天體。義大利科學家伽利略是史上最先透過望遠鏡研究太空的人。他在1609年用望遠鏡觀測月球的特徵,接著又發現木星有4顆衛星繞行,他還描述了土星環的樣貌。

天文學家常常利用看不到的電磁波(見42~43頁)研究太空物體。恆星和黑洞等炎熱物體會發散大量高能量射線,比如×光和伽馬射線。氣體雲等溫度較低的物體會發散低能量射線,比如無線電波。

位在地表的電波望遠鏡,收集來自宇宙四處的無線電波。

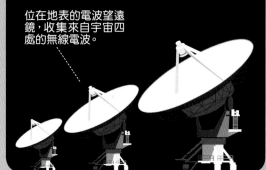

## 探索太空

地球的大氣層阻絕了一部分的電磁波,也會扭曲可見光線。繞著地球運行的太空望遠鏡可以在不受大氣層干擾下,提供清晰的宇宙影像。我們也把太空探測器送到外太空,甚至讓它們降落在太陽系的其他星體上,還用漫遊機器人探索月球和火星表面。有些太空探測器去了非常遙遠的地方,甚至完全離開太陽系,此刻正在星際空間中飛行。

好奇號等火星探測器正在探索火星表面。

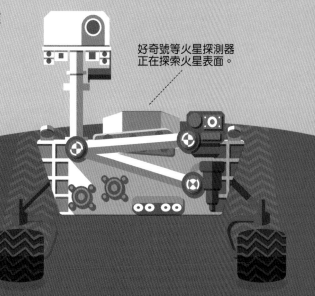

無人太空探測器航海家1號,是史上第一個離開太陽系的人造物體。

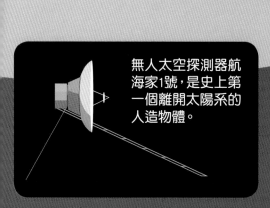

# 太陽系

位在太陽系中央的是一顆充滿高溫氣體，不斷燃燒的巨大火球。有八大行星和數百萬個岩石和冰塊繞著這個發亮的恆星運行。

## 行星種類：

太陽系的八大行星分成三類：

**岩石行星**
水星、金星、地球和火星

**氣態巨行星**
木星和土星

**冰巨行星**
天王星和海王星

太陽

### 水星
直徑：
**4,879公里**
距離太陽：
**5,790萬公里**
繞行太陽一周的時間：
**88.0天**
平均溫度：
**攝氏167度**

### 地球
直徑：
**12,756公里**
距離太陽：
**1億4,960萬公里**
繞行太陽一周的時間：
**365.2天**
平均溫度：
**攝氏15度**

### 金星
直徑：
**12,104公里**
距離太陽：
**1億820萬公里**
繞行太陽一周的時間：
**224.7 天**
平均溫度：
**攝氏464度**

### 火星
直徑：
**6,792 公里**
距離太陽：
**2億2,790萬公里**
繞行太陽一周的時間：
**687.0 天**
平均溫度：
**攝氏-65度**

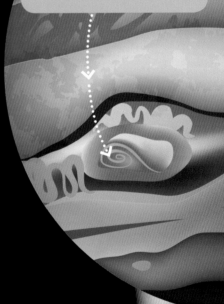

木星上的「大紅斑」是一個威力強大的風暴，它甚至比地球還大，而且已經肆虐至少350年。

金星表面的大氣壓力，相當於地球海面下1公里的壓力，足以把人壓扁！

## 木星
直徑：
**142,984公里**
距離太陽：
**7億7,860萬公里**
繞行太陽一周的時間：
**4,331天**
平均溫度：
**攝氏-110度**

## 土星
直徑：
**120,536 公里**
距離太陽：
**14億3,350萬公里**
繞行太陽一周的時間：
**10,747天**
平均溫度：
**攝氏-140度**

土星環由數十億
的顆粒物組成，
有的小如微塵，
有的則是比大象
還大的團塊。

## 天王
直徑
**51,11**
距離太
**28億7,2**
繞行太陽一
**30,5**
平均溫
**攝氏-**

## 海王
直徑
**49,52**
距離
**44億9,5**
繞行太陽一
**59,8**
平均
**攝氏-**

海王星上的風速達每
小時2,000公里——
這是太陽系所知的最
高風速。

# 衛星

衛星是繞著行星轉的自然天體。我們的太陽系中，共有6顆行星有自己的衛星，地球有1顆衛星，而木星有將近80顆衛星。

## 我們的月球

月球看似平坦，沒有生命的蹤跡，其實月球表面滿是高聳的高原和像海一樣廣闊的平坦區域（它們的拉丁名稱maria就是「海」的意思）。月球繞行地球的同時也會自轉，因此我們永遠只看得到月球的同一面。

月球

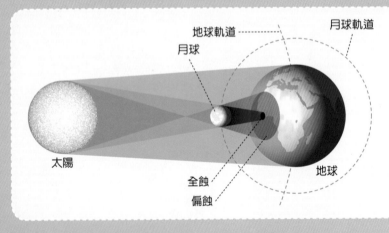

地球軌道

月球

月球軌道

太陽

全蝕

偏蝕

地球

## 日蝕

從地球望向天空時，月球的大小看起來恰巧和太陽差不多。也就是說，當月球經過太陽前方時，它有時會徹底擋住陽光，形成日全蝕；其他時候，月球只會擋住一部分的太陽，形成日偏蝕。

戴摩斯

## 各式各樣的衛星

火星有2顆呈塊狀的迷你衛星，分別叫做戴摩斯（火衛二）和佛勃斯（火衛一）。天文學家認為它們可能是兩顆被火星重力吸引的小遊星。

木星的衛星之一埃奧（木衛一），是個環境嚴峻的星球，上頭有許多巨型火山噴發大量的硫磺雲。

歐羅巴（木衛二）是另一顆繞行木星的衛星，它的表面有著厚厚的冰層，下方也許藏著浩瀚的海洋。

泰坦（土衛六）是一顆繞行土星的巨大衛星。它的大氣層很厚，充滿氮氣（地球的大氣層也以氮氣為主）。

佛勃斯

繞行木星的甘尼米德（木衛三）是太陽系中最大的衛星。

它的直徑是

**5,268公里**，

比水星還大。

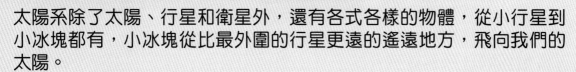

# 其他天體

太陽系除了太陽、行星和衛星外，還有各式各樣的物體，從小行星到小冰塊都有，小冰塊從比最外圍的行星更遠的遙遠地方，飛向我們的太陽。

## 小行星

這些大型天體不像行星那麼大，但有些小行星的直徑仍可長達數千公里。事實上，冥王星直到2006年都被歸為行星。後來我們發現更多類似的天體，也調整「行星」的定義後，冥王星才降級為小行星。

### 冥王星

直徑：
**2,380公里**
距離太陽：
**58億公里**
繞行太陽一周的時間：
**90,530天**
平均溫度：
**攝氏-229度**

## 小遊星

這些岩塊通常位在火星和木星周圍的小遊星帶。許多小遊星的形狀都像馬鈴薯一樣。最大的小遊星是灶神星，直徑為530公里。最小的小遊星直徑不到10公尺。

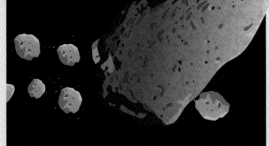

木星軌道前後有數個小遊星群，它們被稱為特洛伊天體。

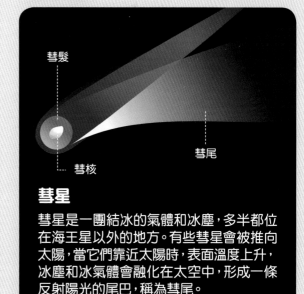

彗髮

彗核

彗尾

## 彗星

彗星是一團結冰的氣體和冰塵，多半都位在海王星以外的地方。有些彗星會被推向太陽，當它們靠近太陽時，表面溫度上升，冰塵和冰氣體會融化在太空中，形成一條反射陽光的尾巴，稱為彗尾。

彗尾可長達
**1億5,000萬公里。**

# 恆星

宇宙中有數十億顆恆星，我們的太陽就是其中一顆。和其他恆星比起來，太陽其實是顆小恆星呢！這些熾熱的球狀氣體有各式各樣的大小和顏色，有暗白色的恆星（如太陽），也有比太陽大數千倍的紅特超巨星。

太陽
每秒鐘散發的能量，
比地球上
最劇烈的核爆炸
還多上20倍！

## 核反應爐

恆星內部深處，各種強大力量把原子核擠壓在一起，進行核融合反應。這個過程會產生驚人的能量，從恆星表面以熱和光的形式散發而出。

我們以光年計算恆星之間的距離。離我們最近的恆星是比鄰星，距離我們4.25光年，相當於40兆2,080億公里遠！

## 不同的恆星

恆星有白、藍、黃、橘、紅等不同顏色。它們的尺寸也各不相同，有直徑只有20~40公里的中子星，也有直徑長達10億公里的特超巨星。相比之下，我們的太陽直徑只有139萬公里。數個恆星組成星團，一個星團可能只有少少幾個恆星，也可能有多達數千個恆星。

行星狀星雲

**參宿七**
藍白超巨星

**參宿四**
紅超巨星

**劍魚座S**
藍變特超巨星

**大犬座Vy**
紅特超巨星

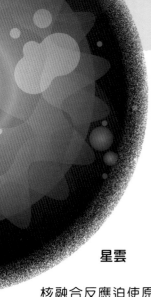

星雲

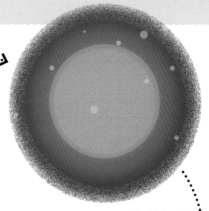

一般的恆星

## 誕生與死亡

恆星從星雲中誕生，星雲是一團由氣體和宇宙塵組成的雲狀物（見76~77頁）。氣體在自身引力的牽引下聚集成團塊，接著又潰散。在這些塊狀物的中心，壓力非常大、溫度也極為熾熱，因而產生核融合，發亮的恆星就此誕生。

核融合反應迫使原子組成其他元素，恆星漸漸耗盡這些燃料。到了這個階段，恆星會漸漸膨脹。接下來會發生什麼事？這都得視恆星的質量而定。

與太陽差不多大的一般恆星會膨脹成紅巨星，接著噴射出一層稱為行星狀星雲的氣體，籠罩在它的周圍。行星狀星雲的外層會往外飄散，最後留下熾熱的核心，稱為白矮星。

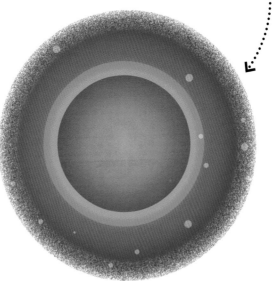

紅巨星

白矮星

## 奇異星

一顆大恆星爆炸後，留下來的高密度物質就稱為中子星。它們的質量有時是太陽的2倍，但直徑只有20-40公里。

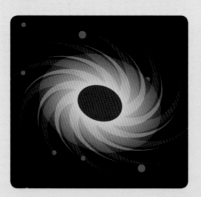

一些質量極大的恆星爆炸之後，就會產生黑洞。黑洞密度極高，質量也非常大。黑洞周圍的重力實在太強了，就連光都會被吸進去，無法逃逸。

# 星雲

恆星之間的空間並不是空空如也，有時存在由氣體和塵埃組成的巨大雲狀物，也就是星雲。這些星雲常是恆星死亡後的殘骸，也是新星誕生的所在。

星雲的英文「nebula」來自拉丁文的「雲」字。

**恆星的孕育地**

星雲充滿了氣體和塵埃，因此星雲有時會創造出新的恆星（請見74-75頁）。

## 黑暗的雲

有些星雲在夜空中看起來就像黑色的團狀物。這是因為這些星雲的塵埃擋住了後面所有恆星的光線。

地球

暗星雲

分散的藍光

熱恆星

亮星雲

## 發亮的雲

某些類型的星雲看起來好像在發光。有些星雲會反射附近恆星的光芒，稱為反射星雲。有些星雲則會吸收附近恆星的能量，讓星雲中的粒子發光；這類星雲稱為發射星雲，因為它們會發散光與輻射。

## 恆星殘骸

比較大的恆星爆炸後形成超新星，它的殘骸會散入太空，形成由氣體和塵埃組成的巨大雲狀物。比較小的恆星所產生的爆炸沒那麼劇烈，它們的外層會被拋離，產生一圈氣體和塵埃。它們就是所謂的行星狀星雲，因為早期的天文學家誤以為這些圓形物體是行星。

# 銀河與星系

太陽是一群恆星家族的成員，這些恆星組成星系，我們稱為銀河星系。宇宙間有各種大小和形狀的星系，有的星系由數千顆恆星組成，非常龐大的星系甚至有一兆顆恆星呢！

## 我們的銀河系

望向夜空，銀河系的恆星群看起來就像一條乳白色的絲帶，因此稱為銀河。這是因為我們看到的是它的側面。其實銀河呈巨大平坦的螺旋狀，直徑大約是10萬光年。

天文學家估計銀河中約有1,000億顆恆星。他們認為，宇宙中約有10兆個星系，銀河系只是其中之一！

太陽

# 星系的種類

星系可分為四種：

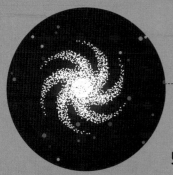

## 螺旋星系

螺旋星系就像我們的銀河系，由恆星和星雲組成的手臂從凸起的中心呈螺旋狀朝外延伸。有些螺旋星系中心的恆星分布呈明顯的短棒狀，所以也被稱為棒旋星系。

## 橢圓星系

橢圓星系看起來像圓形或被壓扁的球。宇宙中最大、最古老的星系，有些就屬於橢圓星系。

## 不規則星系

正如其名，這些星系沒有固定形狀。

## 透鏡狀星系

這些星系的中心呈很大的棒形，有點像螺旋星系，但周圍的恆星分布呈現盤狀，沒有任何外旋的長臂。

數個星系聚在一起，就會組成巨大的星系團。星系團彼此連接，形成我們稱之為宇宙的龐大架構，也就是超星系團，其直徑大約是數億光年。

# 大霹靂

宇宙到底是怎麼形成的？根據天文學家的觀測，他們相信在很久很久以前，所有我們偵測到和偵測不到的物質造成一場極為炙熱的大爆炸，這就是宇宙的初始。

### 分離

天文學家觀察遠方的星系時，發現它們正漸漸離開彼此。他們藉此得出宇宙正在擴張的結論，如果我們能回到很久很久之前，大約一百多億年前，當時所有物質都聚集在一起，發生了非常激烈的大爆炸。天文學家把這稱為「大霹靂」。

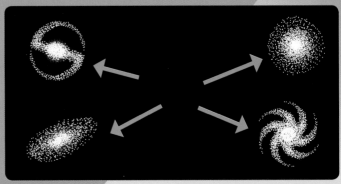

### 初始

大霹靂約莫發生在140億年前。一開始，宇宙熱得不得了，包括重力等各種力的萬事萬物都以不同的方式運作，一般科學難以描述究竟發生了什麼事。

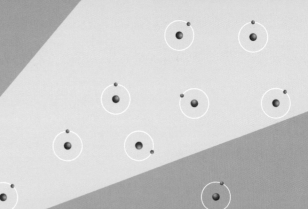

### 初期的宇宙

宇宙在初期擴張得非常快速，同時溫度也下降了。此時出現了第一個次原子粒子，它們凝聚後，形成原子。

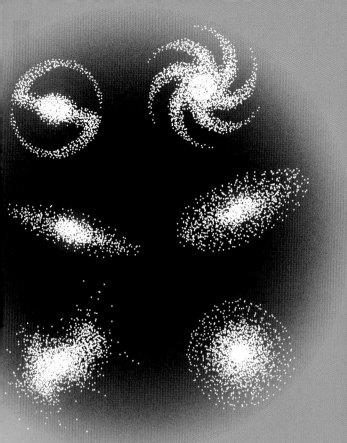

用麥克筆在一顆氣球上，畫出幾個黑點，記得黑點之間的距離要相等。現在把氣球吹大，看看發生什麼事！隨著氣球愈吹愈大，點與點之間的距離也愈來愈遠。比較起來，離我們較遠的幾個點朝外移動的速度，比離我們較近的點快。這就是我們測量星系時發現的現象。離我們愈遠的星系，離開我們的速度愈快。

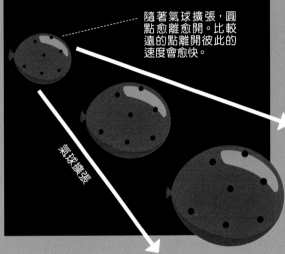

隨著氣球擴張，圓點愈離愈開。比較遠的點離開彼此的速度會愈快。

氣球擴張

## 恆星與星系

大霹靂之後過了大約4億年，第一群恆星開始發光。它們聚集在一起，組成最初的幾個星系。大霹靂結束後又過了90億年左右，我們的太陽開始發亮，形成太陽系。

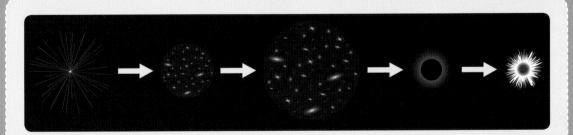

## 宇宙會消失嗎？

宇宙最後會發生什麼事呢？天文學家提出三個理論。宇宙可能會持續快速擴張，直到撕裂開來。或者，宇宙不斷擴張直到冷卻，只剩下黑暗。也許，宇宙的擴張速度會減緩，最終停止，所有的星系會衝向彼此，最後撞在一起，引發「大崩墜」！

## 第五章

# 我們的行星：
# 地球

# 陸地與海洋

太陽帶來能量，大氣層供生物呼吸，
又具保護性，再加上液體水，這
一切讓地球成為人類所知的宇
宙中，唯一有生命的星球。

海洋占據地球表面的
71%，剩下的29%則
是陸地。

## 陸地與海洋

從太空看到的地球，是一顆巨大
的藍色星球，上頭摻雜了少許的
褐色、灰色、白色和綠色。藍色是
地球的海洋，褐、灰、白和綠色則
是陸地。

數十億年前，地球的火山
活動釋放出許多氣體，形
成了大氣層。大氣層中的
水分可能來自經過的彗
星。

面積廣大的陸地稱為
洲或大陸。地球上有
北美洲、南美洲、歐
洲、非洲、亞洲、澳洲
和南極洲。

## 燃燒的結構

太陽系形成的初期，太陽周圍有圈由灰
塵和岩石組成的環。這些物質開始凝
聚，形成原始行星。愈來愈多的岩石受
到這些漸漸變大的星球的重力吸引而撞
上它們的表面，使它們變得又紅又熱。
隨著時間流逝，我們居住的地球逐漸冷
卻，表面形成堅硬的地殼。

地表下有各種強大的力在運作，地球內部由大量岩石組成，它們受到各種力量擠壓而移動，改變陸地的樣貌。

**海洋地殼**

地球的最外層是堅實的地殼。地殼分為兩種。海洋地殼的密度比大陸地殼高。地殼含有多達100種元素，最常見的是氧、矽、鋁和鐵。

**地殼**
深度：0-70公里
溫度：攝氏22度
狀態：固態

### 地球產生的波

科學家研究地震活動造成的強大衝擊波，如何從地下深處傳到四處，藉此推斷出地球內部的構造。

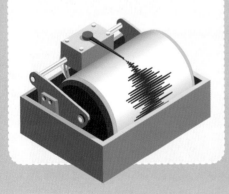

**大陸地殼**

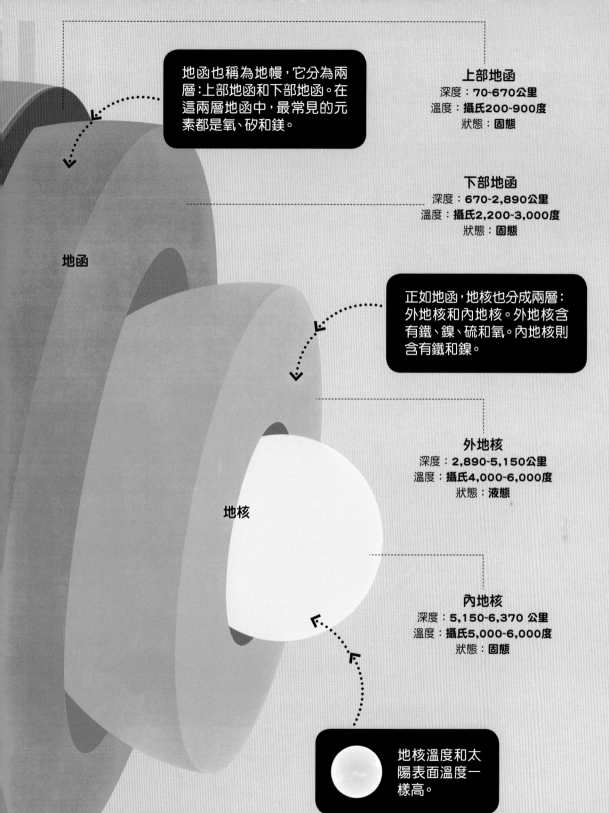

地函也稱為地幔，它分為兩層：上部地函和下部地函。在這兩層地函中，最常見的元素都是氧、矽和鎂。

**上部地函**
深度：70-670公里
溫度：攝氏200-900度
狀態：固態

**下部地函**
深度：670~2,890公里
溫度：攝氏2,200~3,000度
狀態：固態

地函

正如地函，地核也分成兩層：外地核和內地核。外地核含有鐵、鎳、硫和氧。內地核則含有鐵和鎳。

**外地核**
深度：2,890~5,150公里
溫度：攝氏4,000~6,000度
狀態：液態

地核

**內地核**
深度：5,150-6,370 公里
溫度：攝氏5,000~6,000度
狀態：固態

地核溫度和太陽表面溫度一樣高。

# 板塊構造

地球表殼分成數個巨大的岩塊，我們稱為板塊。這些板塊移動時會彼此撞擊、摩擦或裂開來，造成相當駭人的結果。

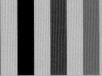

**分裂的地表**

地殼分成七大板塊和八小板塊。這些板塊以不同的速度移動，有的每年移動0.6公分，有的每年移動10公分。

歐亞板塊和北美板塊以每年3公分的速度離開彼此——和你手上指甲的生長速度相同。

大西洋中洋脊長達16,000公里，是地球上最長的山脈。它位在海面下，處於北美、南美、非洲和歐亞板塊之間的分離邊界。

北美板塊
大西洋中洋脊
北美板塊
歐亞板塊
阿拉伯板塊
瑪帝富加板塊
加勒比板塊
印度板塊
菲律賓板塊
太平洋板塊
太平洋板塊
非洲板塊
科克斯板塊
納茲卡板塊
南美洲板塊
澳洲板塊
蘇格夏板塊
南極洲板塊

## 板塊相接處

兩個板塊相接的地方稱為板塊邊界。

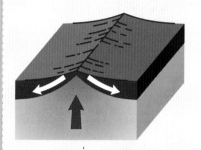 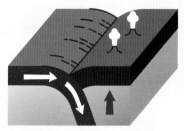 

### 張裂性板塊邊界
兩個板塊漸漸分離，下方的熔岩升起，冷卻後形成新的地殼。

### 聚合性板塊邊界
兩個板塊向彼此撞擊擠壓的邊界。

### 原狀板塊邊界，也稱為轉形斷層
兩個板塊彼此摩擦的邊界。

海洋　　地殼

地函

## 地震與火山

移動板塊的巨大力量，足以引發一些毀滅性強大的事件。

在某些聚合性板塊邊界，一個板塊被往下壓，陷入地函。沉降的板塊會熔化附近的岩石，讓熔岩升到表面，形成火山。

而在某些邊界，兩個板塊彼此摩擦形成地震，這是板塊的突然移動讓地面搖晃的現象。

地球由岩石組成，岩石會磨損、移動，也會因受熱與壓力而改變，因此岩石的形狀和結構也會一直變化。這個過程非常緩慢，足以花上數百萬年的時間。

## 岩石種類

岩石分成三大類。

花崗岩　　　玄武岩　　　黑曜岩

### 火成岩

火成岩來自熔岩，熔岩不是在地面下逐漸冷卻，
就是從火山噴發而出。
玄武岩和花崗岩都是火成岩。

礫岩　　　　泥岩　　　　石灰岩

### 沉積岩

沉積岩由小石礫或生物殘骸組成，
這些物質受海洋或河流搬動，接著落下或沉積，
再被壓進岩石裡，形成一層層的紋理。
石灰岩和砂岩都是沉積岩。

片麻岩　　　片岩　　　　板岩

### 變質岩

受到熱及／或壓力影響而改變結構的岩石。
板岩和大理石都屬於變質岩。

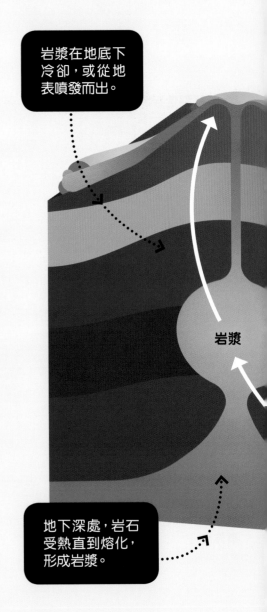

岩漿在地底下冷卻，或從地表噴發而出。

岩漿

地下深處，岩石受熱直到熔化，形成岩漿。

岩石必須經歷非常長的一段時間，再加上水流的影響、極端的溫度，甚至植物根部的生長，才會分裂成一小塊一小塊。這個過程就稱為風化作用。

### 移動石頭

河流會帶走石頭，很小的砂礫也會乘風飛揚。這個過程稱為侵蝕作用。這些石頭會在別的地方沉積，變成不同種類的岩石。

岩石粒子沉積形成岩層，這個過程就稱為沉積作用。

火成岩

地殼移動，將一些岩石往上推向地表，這個現象就叫做隆起。

沉積岩

岩石粒子受到擠壓，形成沉積岩。

變質岩

地球周圍被空氣包圍—— 各種氣體組成薄薄的大氣層。從地球表面逐漸往上升,空氣會愈來愈稀薄,最終散逸至太空中。

## 空氣是什麼?
空氣由數種不同氣體組成。

氮氣
**78%**

氬
**0.9%**

二氧化碳
**0.04%**

氧
**21%**

### 平流層
**離地表50公里內**
這裡有臭氧層,臭氧層會吸收掉來自太陽的大部分有害紫外線。

### 大氣層
地球的大氣分成數層。

### 對流層
**離地表0~14.5公里**
大氣層中最靠近地面的一層,也是密度最高的一層,大部分的天氣現象都在此發生。

大氣層75%的質量都位在對流層,幾乎所有的水蒸氣都位在這裡。

## 中氣層

**離地表85公里內**

大部分的流星都在這兒
燃燒殆盡。

## 溫室效應

地球的大氣就像一條毯子，保留來
自太陽的許多輻射，讓地球溫暖宜
人。這種現象就叫溫室效應。要是
沒有溫室效應，地球將會是太空中
一顆冰凍的雪球！但當某些氣體增
加時，比如二氧化碳和甲烷，溫室
效應就會變得更強烈，讓氣溫進一
步上升，因而引發全球暖化和氣候
變遷（見96~97頁）。

## 增溫層

**離地表600公里內**

閃爍的極光發生在這一層，大部
分的衛星軌道也位在這裡。

## 外氣層

**離地表10,000公里內**

這是大氣最外面的一
層。

## 太空

# 水循環

地球上的水主要有三種狀態：固態的冰、液態的水和氣態的水蒸氣。水在地球上不斷移動，經歷各種令人驚奇的變化，這個過程就叫做水循環。

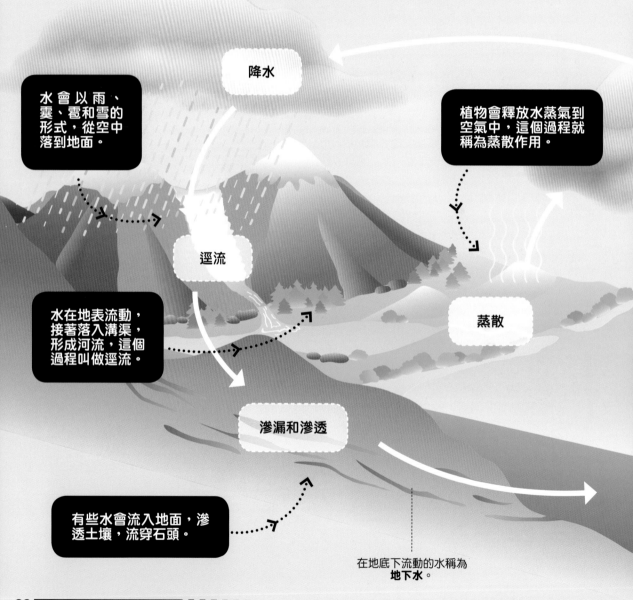

降水

水會以雨、霰、雹和雪的形式，從空中落到地面。

植物會釋放水蒸氣到空氣中，這個過程就稱為蒸散作用。

逕流

水在地表流動，接著落入溝渠，形成河流，這個過程叫做逕流。

蒸散

滲漏和滲透

有些水會流入地面，滲透土壤，流穿石頭。

在地底下流動的水稱為**地下水**。

拿一個大盆子，把玻璃杯或茶杯放在中央，在盆子中倒進大約2公分高的水。用保鮮膜蓋住盆口，在杯子上方的保鮮膜中央放顆小石頭。接著把盆子放在日光充足的地方。等個兩天，看看有多少水從盆子底端蒸發，凝結在保鮮膜上，再落進杯子裡。

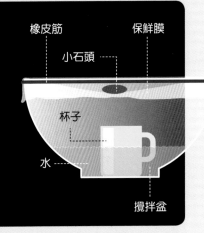

橡皮筋　　保鮮膜
小石頭
杯子
水
攪拌盆

空氣中的水蒸氣冷卻凝結後形成小水珠，再變成雲。

凝結

水在哪兒？

地球上大部分的水都是海洋，淡水的數量非常少，我們喝的飲用水更是稀少。

海洋
96.54%

冰冠、冰川和萬年雪
1.74%

地下水
1.69%

湖泊
0.013%
大氣
0.001%
沼澤
0.0008%
河流
0.0002%
生物用水
0.0001%

蒸發

太陽傳來的能量，把湖泊和海洋表面的水變成水蒸氣。

如果把地球內部、表面和上方的水都集合在一起，會形成一顆直徑1,385公里的巨大水球。

# 天氣和氣候

我們每天都會經歷不同的天氣現象，不管是下雨、下雪、晴天還是起風，都屬於氣象。氣候指的是一個地方長期的氣象和天氣情況。

## 加熱地面

太陽將熱輻射到地球時，地表的溫度會上升，地面上方的空氣也跟著變暖。由於地球是球體，每個地方吸收到的太陽輻射量不一，抵達極區的能量遠低於赤道地區。

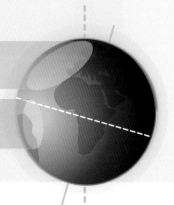

靠近極區的地方，陽光照耀的面積較大

靠近赤道的地方，陽光照耀的面積較小

## 氣候帶

地球主要有五種氣候帶。

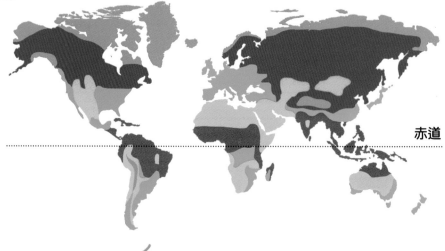

● **熱帶**
位於赤道上下，這裡的陽光熱度最強，也是氣溫最高的地方。

赤道

● **乾旱**
這些地區的降水量非常少，雨水很快就會蒸發。

● **溫帶**
這些地區有涼爽的冬季和溫暖的夏季，全年都有降雨，但以冬季為主。

● **大陸**
這些地區的冬季很冷，有溫暖或溫和的夏季。

● **極區**
這些地區離赤道區最遠，全年氣溫都很低。

# 棲地

一個地區的氣候決定了哪些動植物可以在當地存活，像是氣候乾燥的沙漠，或是暖和潮溼的溫帶森林。

### 極漠
位於地球最北端和最南端，這些地方的植物很少，但有些動物棲息，牠們已經適應這兒的嚴厲氣候。

### 莽原
也稱為熱帶疏林高草原，是位在熱帶地區的草地。

### 雨林
這些地區一整年的降雨量都很高，大部分位於熱帶地區，比如亞馬遜盆地，但有些位在溫帶地區，比如西北美的雨林。

### 苔原
也稱為凍原，位於極區的邊緣地帶，這兒沒有樹，地面下有著長年不化的冰層。

### 北方寒溫帶針葉林
位於比較涼爽的地區或高山區，這些松柏森林帶狀分布於亞洲、歐洲和北美洲的北部地區。

### 混合林
一年四季的氣候溫和，讓秋天落葉的落葉闊葉喬木和常綠闊葉喬木都得以生長。

### 山區
山區的氣候和生物棲息狀況會隨著高度而變化。

### 草原
這些溫帶綠地通常位於大陸地區的中央，比如亞洲大草原、南美的彭巴草原，和北美的大草原。

### 地中海
這些地區有的溫暖、有的涼爽，降雨量的差異也非常大。這裡的植物以小型灌木和灌木叢為主，喬木種類較少。

### 沙漠
這兒的年雨量低於250公釐。有的位在很熱的地區，比如撒哈拉沙漠，有的則位於寒冷地區，比如南極。

# 氣候變遷

回顧歷史，全球氣候曾經歷數次變化，有過溫暖期也有寒冷期。但近100年來，科學家發現氣溫上升得非常迅速，這是人類活動所造成。

## 產生溫室氣體

近100年來，二氧化碳等溫室氣體大量增加。這些氣體會把更多的太陽熱能留在大氣中，造成全球各地的氣溫上升。科學家收集證據，發現人類活動是這些溫室氣體增加的主因。

農業　　　　　　林業　　　　　　工業　　　　　電力供應

## 對地球的影響

全球暖化對地球各地都會造成災難性的後果，包括冰層與冰川融化，海平面上升，出現更多的極端天氣事件等。

南極洲的冰正以一年2,790億公噸的速度快速消失，格陵蘭的冰則以一年1,480億公噸的速度消失。

**人類造成全球暖化的可能性高達95%。**

近150年來，大氣的二氧化碳量從280ppm*增加到415ppm。

*ppm指百萬分點濃度。

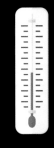

自19世紀末期以來，地球的表面均溫增加了攝氏1.1度。

**廢棄物和廢水**　　　　　　**交通**　　　　　　　　**商業大樓與住宅**

海平面以每年3.3公釐的速度上升。

第六章

# 生氣蓬勃的世界

# 生物分類

科學家根據生物的外型和行為將其分成不同種類。「界」含括最多生物，愈細分，每個類別含括的生物數量就愈少，直到個別物種。

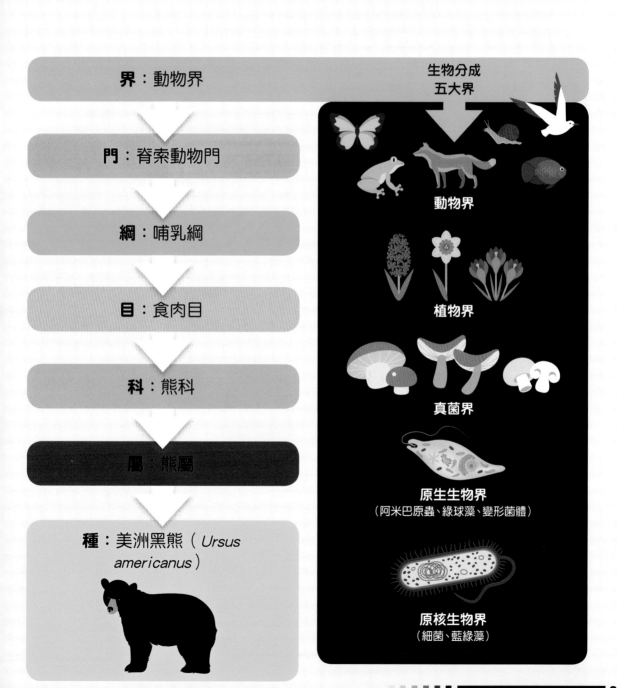

界：動物界

門：脊索動物門

綱：哺乳綱

目：食肉目

科：熊科

屬：熊屬

種：美洲黑熊（*Ursus americanus*）

生物分成五大界

動物界

植物界

真菌界

原生生物界
（阿米巴原蟲、綠球藻、變形菌體）

原核生物界
（細菌、藍綠藻）

細胞是所有生物的基本單位，從單細胞的微小細菌到巨大的藍鯨，都由細胞構成。活細胞還有個更小、稱為胞器的組織，它們負責細胞內的不同工作。

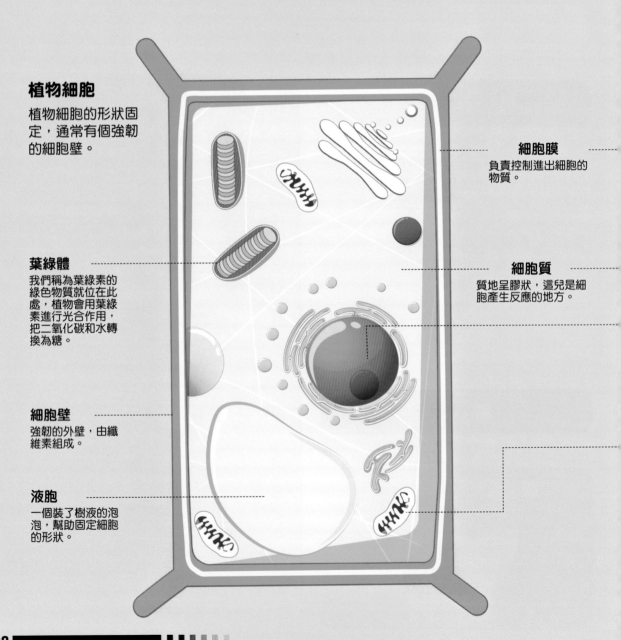

**植物細胞**

植物細胞的形狀固定，通常有個強韌的細胞壁。

**細胞膜**

負責控制進出細胞的物質。

**葉綠體**

我們稱為葉綠素的綠色物質就位在此處，植物會用葉綠素進行光合作用，把二氧化碳和水轉換為糖。

**細胞質**

質地呈膠狀，這兒是細胞產生反應的地方。

**細胞壁**

強韌的外壁，由纖維素組成。

**液胞**

一個裝了樹液的泡泡，幫助固定細胞的形狀。

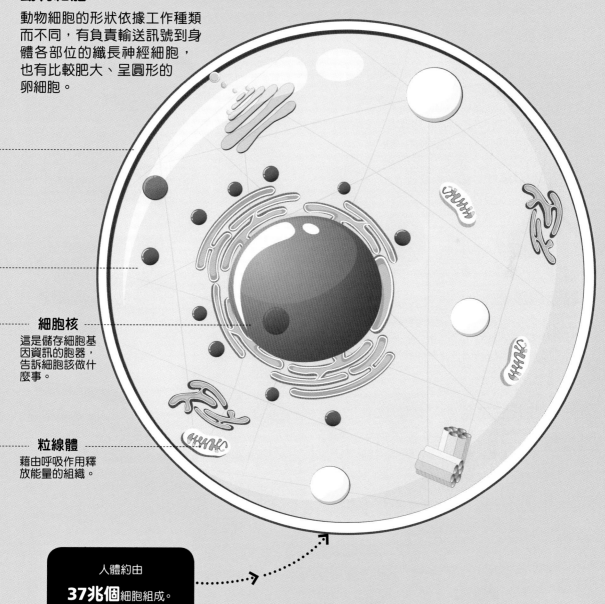

人體最長的細胞是從脊椎根部延伸到腳趾的神經元。成人身上的神經元可長達1公尺。

## 動物細胞

動物細胞的形狀依據工作種類而不同，有負責輸送訊號到身體各部位的纖長神經細胞，也有比較肥大、呈圓形的卵細胞。

**細胞核**

這是儲存細胞基因資訊的胞器，告訴細胞該做什麼事。

**粒線體**

藉由呼吸作用釋放能量的組織。

人體約由

**37兆個**細胞組成。

# DNA和基因

每個活細胞的細胞核裡都有一組化學指令,告訴細胞如何生長和行動。這些指令藏在一個非常複雜的化學物質裡,它稱為去氧核糖核酸,簡稱為DNA。

## 雙螺旋

DNA的雙螺旋構造看起來就像一座梯子,兩條長鏈繞著彼此旋轉,形成雙螺旋。它們中間由許多短鏈連接,這些短鏈都由4種化學物質中的2種組成,這四種化學物質分別是腺嘌呤、鳥嘌呤、胞嘧啶、胸腺嘧啶。這些化學物質的順序形成指令,也稱為基因。

腺嘌呤　　胞嘧啶

胸腺嘧啶　鳥嘌呤

## 基因與遺傳

基因告訴每個細胞該長成什麼樣子和如何運作。它也會影響整個生物體的外觀。基因藉由遺傳,一代傳一代。也就是說,你的樣貌,比如髮色和眼睛的顏色,都遺傳自父母。

### 現在就試試看!

畫一個表格,列出你所有的身體特徵,再與父母的身體特徵相比較。你知道自己身上有哪些特徵來自爸爸或媽媽嗎?

如果你把一個人體細胞中的螺旋狀DNA拉直,就會發現它足足有

## 2公尺長喔!

# 組織和器官

結構類似的細胞集合形成組織，生物體內的各種組織分別執行不同任務。數個組織也可以組成器官；數個器官可組成系統。

## 組織種類

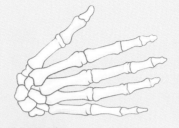

### 肌肉組織
肌肉組織會收縮，讓動物得以移動四肢。

### 骨骼組織
這是支撐動物身體的堅硬組織。

### 維管組織
維管組織呈管狀，運輸水和養分到植物的各處。

## 器官

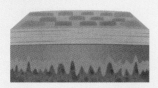

### 皮膚
這是人體最大的器官。皮膚由皮膚細胞、腺體和毛髮組成。

### 腦
腦是位於動物頭部的器官，由神經細胞和許多組織組成。腦接收來自身體各處的訊號，也會告訴身體該做什麼反應。

### 葉子
植物通常在這兒進行光合作用（見105頁），這裡也是植物吸收和釋放氣體的地方。

---

### 現在就試試看！

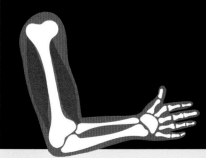

肌肉通常成雙成對，一組肌肉拉動的方向，通常與另一組肌肉剛好相反。看看你的上臂就會發現，上臂前方的肌肉（二頭肌）收縮時手臂曲起，而上臂後方的肌肉（三頭肌）收縮時手臂伸直。你找不找得到其他組一起運作、讓身體往不同方向移動的肌肉呢？

# 身體系統

所有動物都有細胞、組織和器官，人類也是如此。它們彼此連接，組成系統，確保動物生存與維持健康。

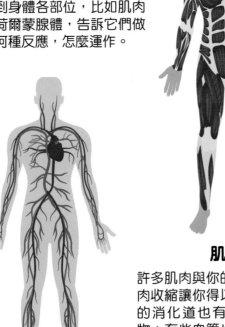

### 神經系統

你的全身上下都有非常微小的神經細胞，負責收集每個部位和外界的訊號，再傳送到腦部。接著它們將指令傳達到身體各部位，比如肌肉和荷爾蒙腺體，告訴它們做出何種反應，怎麼運作。

### 呼吸系統

你的胸腔內有兩個稱為肺的氣囊，它們擴張時會吸進外部的空氣，讓你的身體吸收氧氣，接著再收縮，把二氧化碳推出身體。

### 肌肉

許多肌肉與你的骨骼相連，肌肉收縮讓你得以四處移動。你的消化道也有肌肉來推動食物；有些血管也有肌肉，它們會壓縮血管，把血液輸送到最需要血的身體部位。

### 循環系統

你的心臟是位於血管網絡中心的肌肉，血管則在心臟與身體細胞間來回輸送血液。血液傳送氧氣和養分，同時帶走二氧化碳和其他廢物，以便排出體外。

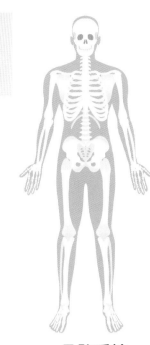

## 消化系統

這些長長的管道從嘴巴一直延伸到肛門。它負責的工作是分解食物，直到它們變成可被身體吸收利用的養分。接著它會把身體不要的物質，以糞便的形式排出。

## 淋巴系統

這個管狀網絡運輸來自身體細胞的額外液體。它也是許多白血球的家，白血球扮演著對抗感染與疾病的重要角色。

## 骨骼系統

由超過200多根的骨頭組成，骨骼系統負責支撐你的身體，幫助你移動。骨骼也保護你身上數個最重要的器官，比如腦就位在頭顱裡面。

## 生殖系統

人類藉由有性生殖繁衍後代。這個過程是結合一個來自男性的細胞（精子）和一個來自女性的細胞（卵子）。男性的生殖器官包括了陰莖和睪丸，女性的生殖器官則有子宮和卵巢。

## 內分泌系統

這組器官和腺體釋放數種稱為荷爾蒙或激素的化學物質。它們扮演傳令兵，控制身體的許多重要任務，包括調節血糖濃度（胰島素），身體對驚嚇的反應（腎上腺素），甚至影響你睡眠的深淺程度（褪黑激素）。

# 食物網

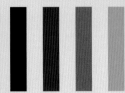

數種棲息在一起的生物會形成所謂的生態系統。每個生態系統中，每種生物都位於食物網的不同階層。每個食物網中，植物等生物會製造食物，動物則以其他生物為食。

## 傳送能量

食物網中的每個生物都以食物的形式，把能量傳給下一生物。有些能量在傳給下一階層前，就已經消失或被耗盡。因此，食物網的愈上層，生物數量愈少。

消費者
（狐狸）

消費者
（兔子）

生產者（草／三葉草）

## 生產者

植物從陽光和水製造自身所需的能量，因此被稱為生產者。它們組成每個食物網的起點。草原上的草，海洋和湖泊中微小的浮游植物都屬於生產者。

## 消費者

草食性動物食用植物。在食物網中，這些動物稱為初級消費者。吃下這些動物的肉食性動物則稱為次級消費者。這些肉食性動物可能會被其他肉食性動物吃掉，後者稱為三級消費者。

初級消費者
（鹿）

## 光合作用

植物以光合作用製造食物。它們把來自陽光的能量，結合從根部吸收的水分和從空氣中取得的二氧化碳，產生葡萄糖（一種糖分），並釋放氧氣到空氣中。

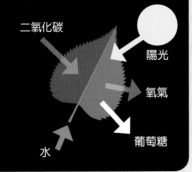

二氧化碳
陽光
氧氣
葡萄糖
水

## 呼吸作用

所有生物都會釋放儲存在食物中的養分，比如葡萄糖，這個過程稱為呼吸作用。呼吸作用是種化學反應，藉由結合葡萄糖和空氣中的氧氣，釋放出能量，並產生水和二氧化碳。

三級消費者
（狼）

三級消費者
（獅子）

## 現在就試試看！

請你試著利用同一個生態系統中的動植物，建立一個獨特的食物網。別忘了使用整個食物網的生物，從生產者到回收者。

次級消費者
（狐狸）

初級消費者
（斑馬）

## 回收者

所有生物都會死亡。生物死亡後，屍體會成為某些生物的食物。屍體中的養分都會被回收，最後回到土壤，再次被生產者利用。

初級消費者
（兔子）

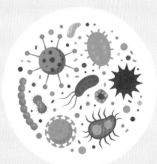

# 微生物

肉眼看不見的微小生物，就稱為微生物。細菌和藻類、某些真菌以及病毒，都屬於微生物。許多微生物是無害的，有些還能促進人體健康，但有些會引發疾病。

## 細菌

細菌是單細胞生物，它們的形狀各不相同，有桿狀、球狀和螺旋狀。

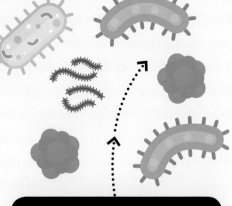

## 病毒

病毒比細菌還小得多。許多科學家不認為它們是「生物」，因為它們只有在進入活細胞後才能繁殖。

你的身體住著數兆個細菌，大部分的細菌都扮演重要角色，比如消化你吃下的食物。事實上，你身上的細菌數量可能比細胞還要多！

## 藻類

藻類像植物一樣，透過光合作用自行製造養分。有的藻類生活在水中，比如湖泊，有的則是在土壤或腐爛的蔬菜中。

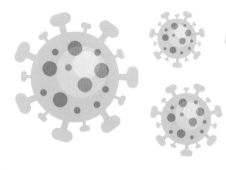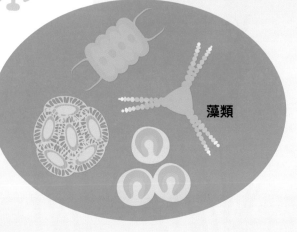

藻類

# 真菌界

真菌界的生物包括蕈類、黴菌和酵母菌。它們分解
死去的生物，再把養分釋放回食物網。

真菌孢子可隨風
飛到高空中，環
遊世界。

孢子

菇類和蕈類，都是
真菌釋放孢子到
空氣中後形成的
子實體。

## 真菌的繁殖

真菌製造稱為孢子的特別細胞進
行繁殖。風、水或其他小動物，會把
這些微小的孢子傳到各處。真菌喜
歡在潮溼的地方生長，當孢子落到
某個潮溼的地方，就會長成新的
真菌。

蕈

菌絲

菌絲體

## 真菌覓食

有些真菌仰賴生物屍體提供養
分，有些則是寄生菌，靠活生
物提供養分。不管是哪一種，
真菌都會製造一種叫做酶的特
別化學物質來分解生物，將它
化為真菌可吸收的養分。

## 由大量菌絲組成的真菌

科學家曾把真菌歸類為植物，儘管真
菌並沒有植物的基本結構，比如根、
莖、葉。事實上，真菌由大量稱為菌
絲的細絲組成。

# 植物界

從毫不起眼的地衣和苔蘚到高不見頂的樹木，都是植物。這些生物在地球上身擔重任，動物仰賴的大部分氧氣都由植物製造。

## 植物的範圍

地衣和苔蘚都是結構簡單的植物，它們裡面沒有負責傳輸養分和水分的管子，因此稱為無維管束植物。它們也沒有根和葉。

苔蘚

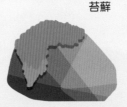

蕨類是維管束植物，也就是說，它們內部有傳輸養分和水分的管狀組織。它們有葉也有根，但不會長出花朵。

蕨類

開花植物

開花植物會生出花朵，通常是為了吸引昆蟲與小動物。這些動物會幫忙將植物的花粉從一株植物傳遞到另一株植物，如此一來就能繁殖與製造出更多的植物。

粗壯樹木的樹幹外層由樹皮包覆。樹幹長出樹枝，樹枝再不斷分枝。樹枝通常長滿葉子。

## 繁衍更多植物

植物可進行有性生殖，利用一朵花的花粉和另一朵花的卵繁殖，這個過程稱為授粉，會製造出一個種子。母株釋出種子後，種子就會生長成新的植物。

蒲公英種子

植物也能進行無性生殖，它們可以自我複製，不需要結合花粉與卵產生下一代。有的會長出球莖來繁殖，比如水仙；有的則長出塊莖，比如馬鈴薯；有的則長出走莖，比如草莓。

水仙球莖

## 種子傳播

植物必須盡可能把種子傳送到最遠的地方，新一代的植物才不會與原本的植物爭奪陽光和水分。植物演化出數種傳播種子的方式。有些把種子拋出豆莢，有些把種子表面弄得黏黏的，或是長有鉤子，一有動物經過，就會沾染在牠們的毛髮上，由動物把種子帶到遠處。有些種子藏在果實裡，動物吃掉果實後前往他處，再從糞便中排出種子。

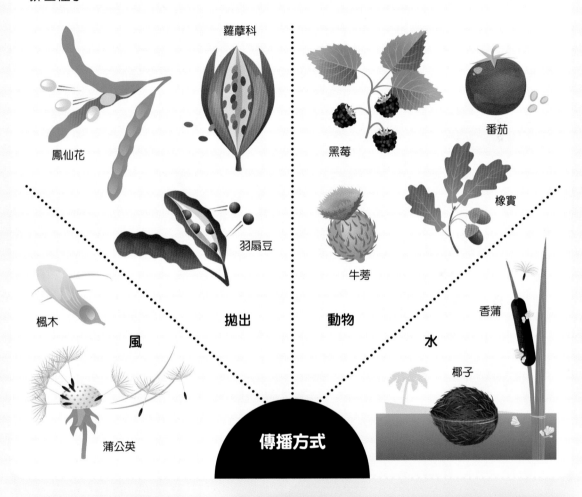

蘿藦科

鳳仙花

羽扇豆

楓木

蒲公英

拋出

黑莓

番茄

橡實

牛蒡

動物

香蒲

椰子

水

傳播方式

一隻蜜蜂一天可造訪多達5,000朵花朵。

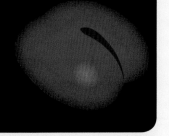

世上最大的種子，來自印度洋塞席爾群島上的一種棕櫚樹。它們稱為大實椰子或海椰子，它的種子比足球還大，重量可達25公斤。

# 無脊椎動物

顧名思義，無脊椎動物沒有脊椎。水母和蠕蟲等無脊椎動物的身體很柔軟。昆蟲、蜘蛛和螃蟹等無脊椎動物的體外則有堅硬的殼，稱為外骨骼。

胎貝

章魚

## 軟體動物

蝸牛、海螺、貽貝等軟體動物擁有堅硬外殼，而章魚、烏賊等軟體動物的身體柔軟。

## 海綿

這些動物的身體構造很單純，外觀呈管狀。有些海綿很柔軟，有些則有堅硬的支撐體。牠們靠過濾水中的養分維生。

## 刺胞動物

水母、海葵和珊瑚都屬於刺胞動物。一旦受到攻擊，牠們就會用特殊的刺細胞把毒液刺入敵人體內。

水母

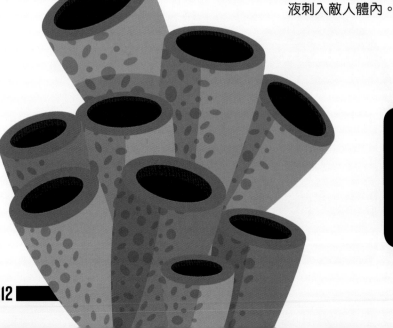

目前人類已命名了
**125萬種**的無脊椎動物，
但世界上恐怕還有多達
**3,000萬種**的無脊椎動物
等著我們發掘！

海星

## 蛛形綱

蜘蛛和蠍子都屬於蛛形綱動物。牠們有8隻關節足和尖銳的口器,藉此捕捉獵物。

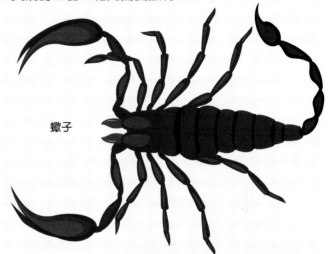

蠍子

## 棘皮動物

海膽和海星都屬於棘皮動物。有些棘皮動物受傷後可以重新長出新器官。

## 蠕蟲

蠕蟲有既細長又柔軟的身體。扁蟲、蛔蟲以及蚯蚓等分節蠕蟲,都屬於蠕蟲。

地球上的動物中,

多達**97%**

都是無脊椎動物。

蚯蚓

## 甲殼動物

這些動物有堅硬的外骨骼,通常生活在水中。螃蟹、龍蝦、各種蝦類和藤壺,都屬於甲殼動物。

螃蟹

蜂

## 蜈蚣和馬陸

這些動物的身體細長,有層外骨骼,而且分成一節節。蜈蚣的每個體節都有一雙腳,而馬陸的每個體節都有兩雙腳。

## 昆蟲

昆蟲有外骨骼及6隻關節足。數量最多也最多元的無脊椎動物便是昆蟲。蜂、蝴蝶、甲蟲都屬於昆蟲。

蜈蚣

# 脊椎動物

體內有脊柱的動物稱為脊椎動物。鳥類、爬蟲類、哺乳類都是脊椎動物。從小巧的青蛙到龐大的藍鯨，都是脊椎動物的成員。

## 魚類

這些脊椎動物都有鰓，鰓讓牠們得以從水中獲取氧氣。鯊魚等魚類的骨骼由容易彎曲的軟骨組成，但大部分的魚都有硬骨。魚是冷血動物，也稱為變溫動物，牠們的身體不會保持一定的溫度。

有種叫做阿馬烏童蛙的小型蛙類，是目前找到體形最小的脊椎動物。人們在新幾內亞的雨林裡發現牠的蹤跡，其體長只有7.5公釐。

## 兩棲動物

這些動物可在陸地和水中生活，但牠們通常在水裡產卵。兩棲動物就像魚，也是冷血動物。

## 爬蟲類

這些脊椎動物身上覆滿鱗片。大部分的爬蟲類會產下硬殼的蛋，但有的是胎生。牠們都是冷血動物。

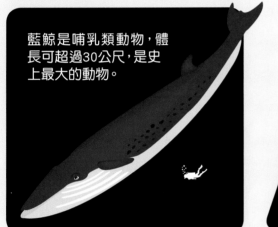

藍鯨是哺乳類動物，體長可超過30公尺，是史上最大的動物。

## 鳥類

鳥類是溫血動物，牠們的體溫很穩定。牠們的身體被羽毛覆蓋，繁殖時會產下硬殼的卵。所有的鳥類都有翅膀，大部分的鳥都會飛。

## 哺乳類動物

哺乳類動物的身上長了毛髮或毛皮，養育下一代時會分泌乳汁。哺乳類動物跟鳥類一樣，都是溫血動物。

# 演化和滅絕

第一個微生物出現在35億多年前，此時生命首次降臨地球。自此以後，各種生物在地球的每個角落蓬勃發展，不斷增加，有著令人眼花撩亂的各種外觀和大小。

## 適者生存

生物必須先生存才來，才能繁衍下一代。生物適應環境的能力愈強，成功繁殖的機率也愈高。不太適應環境的生物很可能會消失。這個過程叫做天擇，也就是自然淘汰。無數年來，天擇推動地球許多生物的演化。

經過演化，長頸鹿的長脖子讓牠們吃得到高處的葉子。

## 基因突變

生物體內的細胞分裂時，會複製自己的DNA，讓每個新細胞都有一組DNA。然而有時複製過程中會出現錯誤，我們稱之為突變，這會讓複製出來的基因和原本的有些不同。生物繁殖時，突變後的基因會傳給下一代。有時候，基因突變會讓生物的後代獲得其他生物沒有的優勢，增加牠們／它們繁殖的機會。長期下來，這些基因突變就推動了演化的腳步。

仙人掌的針葉有助將水分儲存在組織中。

虎鯨

流線型的身體

胸鰭

尾鰭

鮪魚

## 趨同演化

兩種不同的生物經過演化，有時會出現類似的特徵。這就叫做趨同演化。比方說，演化後的虎鯨和鮪魚外型類似，因此牠們都擅長游泳。牠們都擁有流線型的體形，利用胸鰭和尾鰭推動身體前進。然而，虎鯨是哺乳類動物，鮪魚則是魚類。

## 適應

每種生物都有不同的外觀形狀、身體部位和行為模式，這些特徵讓牠們／它們得以在特定環境中生存。比方說，一個生活在寒冷氣候中的動物必須仰賴厚厚的毛皮才能保暖，而沙漠中的植物則會發展出獨特外型，盡量將水留在體內。

恐龍無法適應氣候的改變，最終消失在地球上。

## 一旦消失就回不來了！

當生物無法適應生活環境，就會面臨全體消失的威脅，可能會就此滅絕。這可能是因為牠們／它們的生活環境突然發生劇烈變化。比方說，科學家認為在6,600萬年前，有顆頗大的小行星撞上地球，導致恐龍滅絕。小行星的衝擊造成巨大的塵埃雲，擋住陽光，使得整個地球溫度急速下降。除此之外，人類行為也會造成物種滅絕。例如，印度洋的模里西斯島本來有種不會飛的渡渡鳥。歐洲水手在西元1600年左右抵達此處，他們到處捕獵渡渡鳥果腹，把牠們全殺光了，渡渡鳥就此絕跡。

家犬有各式各樣的品種，外觀也各不相同，這都是因為少數基因的突變。

# 保護我們的星球

氣候變遷改變了地球環境，也改變了各處的棲地。許多生物的棲地正在縮減或徹底消失。人類行為進一步加速這些變化，威脅居住在這些棲地的物種。

### 失去棲地

全球溫度上升，改變了世界各地的天氣型態，使得生物難以在原本的棲地生存。有些地區一直不下雨，出現乾旱，有些地區則發生嚴重的風暴和水災。極區的冰冠融化，也讓這些地區的棲地愈來愈小，動物愈來愈難生存。

按照目前冰塊消失的速度，地球極區到了2040年，在夏季就完全看不到冰塊了。

### 人類活動

人類在某地區的活動增加時，就會對附近的棲地造成壓力。人類砍伐森林，增加人類的生活空間和建路；有些耕作方式會破壞環境，把許多地方變成沙漠。礦場、工廠和城鎮的污染也毒害了土壤，造成野生動植物死亡。

## 保護區

有些地區設立保護公園，阻止人類破壞生態環境、殺害野生生物。比如珊瑚礁保護區、熱帶草原保護區、雨林保護區和各種野生生態保護區。這些地方限制了人類活動，好保護生物棲地。

## 保護物種

人類可以保護特定地區，讓動物免於威脅，也可以幫忙保護動物和增加牠們的數量。國家公園有狩獵監護官四處巡察，防止盜獵者獵殺動物；動物園也有動物培育計畫，幫助動物生下後代，並引導牠們重返自然。

近20年來，夏威夷的培育計畫幫助綠蠵龜繁殖，讓綠蠵龜的數量每年增加8%。

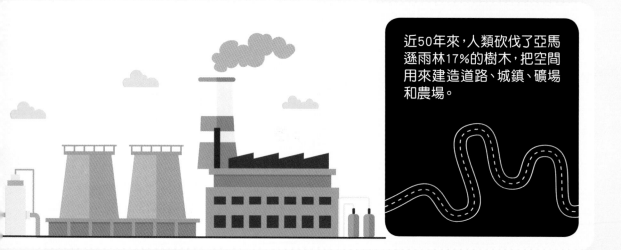

近50年來，人類砍伐了亞馬遜雨林17%的樹木，把空間用來建造道路、城鎮、礦場和農場。

# 名詞解釋

## 2畫

### 力

物體受到的推力或拉力，可改變物體的移動方向或形狀。

## 3畫

### 下壓力

車後翼像是前高後低的翅膀，空氣流過時會產生一股下壓力。這股壓力把車子壓向路面，增加抓地力，讓車子行駛更平穩。

### 大氣

行星或衛星等太空物體周圍的氣層。

### 小行星

繞行太陽的小岩塊。大部分的小行星都位在火星與木星之間的小行星帶。

## 4畫

### 中子

原子核中的一種次原子粒子，不帶電。

### 元素

只由一種原子組成的物質。氧、鉛、碳等都是元素。

### 分子

化學物質獨立存在的最小狀態。

### 化石燃料

由很久以前死亡的動植物遺骸形成的燃料。煤、石油和天然氣都是化石燃料。

### 升力

空氣流過機翼形成的上升力量，可把飛機往上推向天空。

### 反射

光線從鏡子和光滑表面彈跳，產生影像的現象。

### 反應

兩種以上的化學物質結合，產生新化學物質的現象。

### 天文學家

研究行星、恆星和銀河等太空物體的科學家。

### 天擇

生物愈適應環境，繁殖下一代的機率愈高，愈有機會把自身特徵傳給後代；不太適應環境的生物會漸漸死亡，最終滅絕。這就是自然淘汰的過程。

### 水力發電

藉由水的流動產生電力的方法，比如讓水壩的水流過水力發電廠的管路，或利用每天的海洋潮汐來發電。

### 火成岩

熔岩在地下或地表冷卻後形成的岩石。

## 5畫

### 去氧核糖核酸

簡稱DNA，這個化學物質看起來就像一座旋轉的梯子，裡面有基因資訊，會告訴細胞該長成什麼樣子、做什麼事。

## 可塑性

一個物體受力時改變形狀，外力消失時仍保持新形狀的能力。

## 生態系統

生活在同一地區的動植物及牠／它們之間的關係。

# 6畫

## 光合作用

植物利用葉綠素把陽光、水和二氧化碳轉變為氧氣和糖的過程。

## 光年

距離單位，等同於光在一年間行進的距離。

## 地函

衛星或行星的外殼與核心之間的區域。

## 色層分析

讓氣體或液體通過吸墨紙等物質或系統，將其中成分加以分離的技術。

# 7畫

## 冷凝

指氣體的溫度降到一定程度時，粒子就會凝結在一起，形成液體。

## 折射

光從一個物質穿過另一個物質時，比如從空氣穿過水時，行進路線改變的現象。

## 沉積岩

小石礫落到地面、被擠壓在一起後形成的岩石。

## 身體系統

一組彼此連接的細胞、組織和器官，共同執行特定功能。比方說，腦、脊髓和神經合作組成神經系統，在身體四處傳遞接收各種訊號。

# 8畫

## 呼吸作用

生物利用氧氣和糖產生二氧化碳和水，並釋放能量的過程。

## 昇華作用

固體沒有先變成液體，直接轉化為氣體的過程。

## 板塊構造

地殼由巨大石板組成，板塊構造指的就是這些石板移動與影響彼此的過程。

## 沸騰

當物質的溫度高到一定程度，就會從液態轉變為氣態。

## 空氣阻力

物體在空氣中行進時產生的摩擦力。空氣阻力的方向與物體移動的方向相反。

# 9畫

## 星系

由非常多的恆星、行星和星雲所組成的集合體。一個星系的恆星可多達數千億顆。

## 重力

有質量的物體間彼此吸引的力量。物體的質量愈大，其重力就愈大。

# 10畫

## 原子

可進行化學反應的最小物質單位。

## 原行星

剛開始成形的行星。

## 核分裂

將原子核分開，這個過程會釋放非常多的能量。

## 核融合

把數個原子核擠壓在一起，讓它們融合，過程中也會釋放非常多的能量。

## 氣候

一個地區的長期天氣概況。

## 氣候變遷

地球氣候的變化，特別是二氧化碳等溫室氣體增加所引發的全球氣溫上升現象。

## 能

活動或做功的能力。

# 11畫

## 基因

細胞內儲存的資訊，告訴細胞該做什麼事。這些資訊儲存在細胞的DNA中，進行細胞分裂時，由母細胞傳給後代。

## 彗星

由冰和灰塵組成的塊狀物，在天王星的軌道之外繞著太陽運行。靠近太陽時，彗星的冰和灰塵會蒸發，散逸太空中，這些氣體與灰塵會反射太陽光，形成長長的尾巴。

## 授粉

植物的雄性細胞（花粉）與雌性細胞（卵）結合產生種子的過程。

## 細胞

生物體中能夠自行運作的最小單位。細胞內還有其他微小結構執行特定任務。比方說，細胞核掌握細胞的基因資訊，粒線體則透過呼吸作用產生能量。

# 12畫

## 棲地

動植物生長的自然環境。

## 絕緣體

不太會傳導熱和／或電的物體。

# 13畫

## 溫室氣體

造成溫室效應的氣體，它們將太陽能量留在大氣中。二氧化碳和甲烷都是溫室氣體。

## 溶液

一種物質完全溶化在一種液體中所形成的混合液；前者稱為溶質，後者稱為溶劑。

## 滅絕

某種生物在某個地區全面消失。

## 電子

微小的次原子粒子，帶負帶，繞行原子核。

## 電磁波譜

電磁輻射的範圍，涵蓋波長很長的無線電波到波長很短的伽馬射線。它也包含了可見光的色譜。

# 14畫

## 演化

生物漸漸改變外觀和／或行為模式的過程，通常會花上數代的時間。

## 磁場

指磁鐵會對磁性物體造成影響的空間範圍。

## 蒸發

液體表面的粒子在溫度未達沸點，就化為氣體的現象。

## 蒸餾

混合液的不同成分有不同的沸點，蒸餾就是根據這項特質，分離混合液的過程。

## 蝕

一個物體擋住光源，使另一個物體看不到光的現象，比如當月球通過太陽前面，就會形成日蝕。

# 15畫

## 彈性

受力時物體會改變形狀，一旦外力消失就恢復原本大小與形狀的能力。

## 摩擦力

兩個物體摩擦時產生的力。摩擦力的方向與物體行進的方向相反。

## 複合物

由兩種以上的物質組成的物體。例如，碳纖維複合物是種用塑膠樹脂包住細小碳纖維的材料。

## 質子

原子核內的一種次原子粒子，帶正電。

## 適應

生物自行發展或透過遺傳得到的某項特徵，因此變得更適合在某種環境中生存。

# 16畫

## 凝固

溫度下降到一定程度，液體就變成固體的現象。

## 導體

一個可以傳導熱或電的物體。

## 融化

固體的溫度上升到一定程度時，化為液體的現象。

# 17畫

## 壓力

指在特定區域作用的力。面積較小時，同一股力產生的壓力較大，面積較大時壓力較小。

## 趨同演化

兩種不同的動物物種發展出類似的特徵或行為，比如經過演化，魚和鯨都有魚鰭。

# 19畫

## 離心機

不斷旋轉物質直到其成分分離的機器。它迫使密度較高的成分落到管狀容器底端，密度較高的成分則留在上方。

# 23畫

## 變質岩

曾被炙熱高溫和／或強大壓力改變結構的岩石。

# 索引

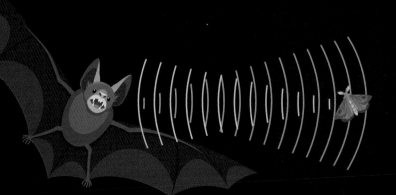

# 致謝名單

圖片來源

FC：封面；BC：封底；t：上方；b：下方；l：左邊；r：右邊；c：中間。

4–5 Vector Tradition/Shutterstock, 6–7 Ron Dale/Shutterstock, 8, 12–13c, 32br John Erickson/Shutterstock, 9c, 10–11 gritsalak karalak/Shutterstock, 9bl, 16tr 4zevar/Shutterstock, 9br Blue bee/Shutterstock, 13tr mapichai/Shutterstock, 13b Pongpak Jitnukroh/Shutterstock, 14–15 okili77/Shutterstock, 14b Evgen_diz_art/Shutterstock, 15t NTL studio/Shutterstock, 16tl Marina Dekhnik/Shutterstock, 16tr Maike Hildebrandt/Shutterstock, 16bl LuckyVector/Shutterstock, 16b Margarita Fink, 17tr Emil Timplaru/Shutterstock, 17tc grmarc/Shutterstock, 17l art4stock/Shutterstock, 17br Sansanorth/Shutterstock, 18bl Ircaniago/Shutterstock, 18br Tartila/Shutterstock, 19tr Anatolir/Shutterstock, 19br Isaac Zakar/Shutterstock, 20–21 trgrowth/Shutterstock, 20br, 61br MicroOne/Shutterstock, 21tr GraphicsRF.com/Shutterstock, 4zevar/Shutterstock, 21c, 48t, 127br LynxVector, 22tl, 22cr Vectomart/Shutterstock, 22c puruan/Shutterstock, 22b Redline Vector/Shutterstock, 22br Anastasia_B, Ilya Bolotov, 23c Sonya illustration/Shutterstock, 23r Kolesov Sergey/Shutterstock, 23bl Intellson/Shutterstock, 23bc Rainbow Black/Shutterstock, 24tr antlexx/Shutterstock, 24cr Vita Olivko/Shutterstock, 24br Annie Sintsova/Shutterstock, 24l Anatolir/Shutterstock, 24cl Ircaniago/Shutterstock, 24bl Iconic Bestiary/Shutterstock, 25c Evgeniya Mokeeva/Shutterstock, lukpedclub/Shutterstock, 25b peart.ru/Shutterstock, 26t Viktoria Kazakova/Shutterstock, 26cr LineTale/Shutterstock, 26br runLenarun/Shutterstock, 26bl, 31cl Lamberg Vector studio/Shutterstock, 27tr nimograf/Shutterstock, 27cr Martin Kalimon/Shutterstock, 27bl Maksim M/Shutterstock, 28tl derter/Shutterstock, 28cl maglyvi/Shutterstock, 28bl robuart/Shutterstock, 28–29c, 43c, 83tr, 91tr, 93br, 114c Spreadthesign/Shutterstock, 28–29cb sabbracadabra/Shutterstock, 29t VikiVector/Shutterstock, 29cr BigMouse/Shutterstock, 29b Photoroyalty/Shutterstock, 30 Dream Master/Shutterstock, 31tl, 31cr, 42c, 51cr Rvector/Shutterstock, 31tc Cosmo Vector/Shutterstock, 31tr, 103tr, 109c Nasky/Shutterstock, 31c SkyPics Studio/Shutterstock, 31br Golden Sikorka/Shutterstock, 31bl badrun13/Shutterstock, 32c Victor Z/Shutterstock, 32bl Maria.K/Shutterstock, 33c BlueRingMedia/Shutterstock, 34t firatturgut/Shutterstock, 34cl, 34cr, 35t, 35b, 40c, 46tr, 62c, 65c, 67r, 74–75t, 75, 77br, 96–97c, 87t, 89, 94, 111c VectorMine/Shutterstock, 34b Olha1981/Shutterstock, 35c Fouad A. Saad/Shutterstock, 36t Vivid vector/Shutterstock, 36c Astrobobo/Shutterstock, 36bl, 69br Titov Nokolai/Shutterstock, 36bc Jane Kelly/Shutterstock, 36br Drakkara/Shutterstock, 37t Nasky/Shutterstock, 37c metamorworks/Shutterstock, 38bl Danussa/Shutterstock, 39c Studio_G/Shutterstock, 39l CRStocker/Shutterstock, 41t hvostik/Shutterstock, 42l trgrowth/Shutterstock, 42b klerik78/Shutterstock, 43t Creative Stall/Shutterstock, 43cl miniwide/Shutterstock, 44tr Vextor FX/Shutterstock, 45t Inspiring/Shutterstock, 45l, 53br Ilya Bolotov/Shutterstock, 45b NWM/Shutterstock, 47t, 47c Mascha Tace/Shutterstock, 47b Shanvood/Shutterstock, 48cr Coosh448/Shutterstock, 48br Evikka/Shutterstock, 49bl Alex Oakenman/Shutterstock, 50 Bloomicon/Shutterstock, 51tl art-sonik/Shutterstock, 51b gritsalak karalak/Shutterstock, 52cl aklionka/Shutterstock, 52cr Oxy_gen/Shutterstock, 53t, 67bl KittyVector/Shutterstock, 54l ByEmo/Shutterstock, 54c, 56b SunshineVector/Shutterstock, 54cr MaryDesy/Shutterstock, 55t ONYXprj/Shutterstock, 55br u3d/Shutterstock, 56tl Pogorelova Olga/Shutterstock,

56tr Nadya_Art/Shutterstock, 56br HappyPictures/Shutterstock, 57tl Blue Flourishes/Shutterstock, 57tr Nsit/Shutterstock, 57c OnD/Shutterstock, 57b MicroOne/Shutterstock, 58t Hennadii H/Shutterstock, 59t MuchMania/Shutterstock, 59c Nadzin/Shutterstock, 59cl aliaksei kruhlenia/Shutterstock, 60c practicum/Shutterstock, 60bl Mochipet/Shutterstock, 60br eatcute/Shutterstock, 61cl CHUKOVA NINA/Shutterstock, 61c all_is_magic/Shutterstock, 63t Siberian Art, 63bl NTL studio/Shutterstock, 64tl P U P S I K L A N D/ Shutterstock, 64ct Vector Up/Shutterstock, 64tr Rvector/Shutterstock, 64c hvostik/Shutterstock, 65t tersetki/Shutterstock, 65b ShadeDesign/Shutterstock, 66t, 66b, 86tr Sergey Merkulov/Shutterstock, 67tl valeo5/Shutterstock, 67c wickerwood/Shutterstock, 68 NASA, 69t VectorShow, 69cr Lexamer/Shutterstock, 69bl MawRhis/Shutterstock, 70-71, 72bl Macrovector/Shutterstock, 71cl NASA, 72tr Lisitsa/Shutterstock, 72cl Alhovik/Shutterstock, 73tl, 73bl alexokokok/Shutterstock, 73br joshimerbin/Shutterstock, 74tr Kirill Kirsanov/Shutterstock, 74b, 79, 80–81 shooarts/Shutterstock, 75 Ron Dale/Shutterstock, 75tl MicroOne/Shutterstock, 78 NASA, 81r VectorKnight/Shutterstock, 82, 94 Ozz Design/Shutterstock, 83cl Regina F. Silva/Shutterstock, 83br Mopic/Shutterstock, 84–85 CRStocker/Shutterstock, 84bl DEmaz/Shutterstock, 85br Golden Sikorka/Shutterstock, 91b Nasky/Shutterstock, 92 Anna L. e Marina Durante/Shutterstock, 94tr grayjay/Shutterstock, 95c Designua/Shutterstock, 96–97b Ikrill/Shutterstock, 96bl TyBy/Shutterstock, 97r Victor Z/Shutterstock, 97br Rvector/Shutterstock, 98 ActiveLines/Shutterstock, 99bl A7880S/Shutterstock, 99br Archiichii/Shutterstock, 99br Olga Bolbot/Shutterstock, 100c, 101c Designua/Shutterstock, 102r ShadeDesign/Shutterstock, 102bl Julia Tim/Shutterstock, 103tl cash1994/Shutterstock, 103tc HappyPictures/Shutterstock, 103cl solar22/Shhutterstock, 103c, 110br, 113c Andrii Bezvershenko/Shutterstock, 103cr Ira Che/Shutterstock, 103bl Ellagrin/Shutterstock, 104–105 Macrovector/Shutterstock, 106c Volkova Tetiana/Shutterstock, 106br Maglyvi/Shutterstock, 106–107b Studio Barcelona/Shutterstock, StockSmartStart/Shutterstock, 107c Rhoeo/Shutterstock, 107br svtdesign/Shutterstock, 108t VikiVector/Shutterstock, 108bl Svetla/Shutterstock, 108br WhiteDragon/Shutterstock, 110tc TDubov/Shutterstock, 110tr koff.studio/Shutterstock, 110c MicroOne/Shutterstock, 110cr Alena Nv/Shutterstock, 110b Designer things/Shutterstock, 111bl OGdesign/Shutterstock, 112t Antonov Maxim/Shutterstock, 112tl Dreamcat/Shutterstock, 112r RNko/Shutterstock, 112bl aliaksei kruhlenia/Shutterstock, 113tl Oliana Tkachova/Shutterstock, 113tr Magicleaf/Shutterstock, 113cl H. Elvin/Shutterstock, 113br ClassicVector/Shutterstock, 113b robuart/Shutterstock, 114tr Lucia Fox/Shutterstock, 114br curiosity/Shutterstock, 115cr Alexander Ryabintsev/Shutterstock, 115cl nelya43/Shutterstock, 115b Shanvood/Shutterstock, 116c Panda Vector/Shutterstock, 116c, 117cr Alfmaler/Shutterstock, 116bl, 117bl Awesome Designer/Shutterstock, 117t Dom Uccello/Shutterstock, 117tr Anatolir/Shutterstock, 117l Katerina Pereverzeva/Shutterstock, 118tl Maike Hildebrandt/Shutterstock, 118–119b Amanita Silvicora/Shutterstock, 119t Daria_Art/Shutterstock, 119c HAPPY-LUCKY/Shutterstock, 119br zmicier kavabata/Shutterstock.